COMO EL QUE TIENE
UN HUERTO DE TOMATES

GW00470548

Segundo premio de novela AEINAPE 2015

Peyote -people use Tdur bins
to see God

ANTONIO FLÓREZ LAGE

COMO EL QUE TIENE
UN HUERTO DE TOMATES

Primera edición: febrero de 2016

Segunda edición: marzo de 2016

Tercera edición: junio de 2016

Cuarta edición: octubre de 2016

© Antonio Flórez Lage, 2013
Diseño de cubierta: Javier Ruiz León
Corrección: Ramón Alemán

Depósito legal: GC 97-2016
ISBN: 978-84-608-5403-6

Todos los derechos reservados. Queda prohibida, salvo excepción prevista en la Ley, cualquier forma de reproducción, distribución, comunicación pública y transformación, en todo y en parte, así como registrarla o transmitirla por un sistema de recuperación de información, en ninguna forma ni por ningún medio, sin contar con la autorización por escrito del titular de la propiedad intelectual.

La infracción de los derechos mencionados puede ser constitutiva de delito contra la propiedad intelectual (artículo 270 y siguientes del Código Penal).

No piensen que no sé a quién no está dedicado

Si salto, me mato; si no salto, me matan.

Empieza a llover. Los pesados goterones que caen intermitentemente parecen hacerlo a cámara lenta, solo son el preludio de la gran tormenta que está a punto de estallar. El viento cesa y todo queda suspendido en una extraña calma a la espera de que se desaten los demonios.

Estoy desnudo, tiritando de frío y miedo; ellos esperan impacientes a mi espalda. Tengo que saltar. Miro al cielo y al mar, todo es gris oscuro, parece una película en blanco y negro. Cierro los ojos y se agudizan el resto de mis sentidos: oigo las olas romper contra la gran roca sobre la que estoy, siento las gotas de lluvia tamborilear en mi cabeza y me inunda un fuerte olor a tierra mojada. Tengo que saltar. Empiezo a hacer respiraciones profundas, necesitaré mucho oxígeno. Tomo todo el aire que puedo y luego lo expulso lentamente. Me recuerda a mi infancia, buceando en la playa. Las imágenes de aquellos veranos pasan a toda velocidad por mi cabeza y mi amigo está presente en todas ellas. Estoy aquí por su culpa. ¡Vaya amigo! Toda una vida dedicada a su extraño sentido del humor. Menudo personaje, peculiar, siempre metiéndome en líos… Tengo que saltar. No quiero pensar en nada que me distraiga.

Sigo haciendo respiraciones profundas con los ojos cerrados, necesito relajarme. Intento pensar en algo que me motive. Recuerdo la escena de los protagonistas de *Carros de fuego* corriendo por la playa, con la espectacular banda sonora de fondo. Me animo y me tranquilizo un poco. Me viene a la mente Paul Newman en *La leyenda del indomable*, convencido de que puede comerse cincuenta huevos. Puedo hacerlo.

Abro los ojos y miro hacia abajo, al punto exacto donde debo sumergirme. La altura es muy grande, la marea está bajísima. Caigo en la cuenta de que estamos en septiembre, el mes de las fuertes mareas. Llevaba mucho tiempo sin pensar en este tipo de cosas…

Voy a saltar.

Voy a saldar mi cuenta pendiente con la Roca de los Desaparecidos.

Inspiro por última vez, lleno a tope mis pulmones y salto al vacío.

Capítulo 1. El amigo peculiar y la roca misteriosa

Mi amigo fue extraordinario desde el principio: al recibir el consabido cachete de bienvenida al mundo, soltó una carcajada. Fue algo inaudito, los recién nacidos no ríen, ni siquiera sonríen, pero aquello fue ciertamente una risotada. Todos los que presenciaron aquel extraño suceso han muerto, pero la historia ha quedado. Eso son las historias: la forma que tienen los hechos de aguantar los embates del tiempo y de la muerte. Los testimonios perviven cuando la materia desaparece.

Parecía un tipo serio, esa era su gran virtud. Tenía un sentido del humor extraño, suyo propio, que solo él comprendía realmente. Cuando lo veía feliz y no sabía por qué, intuía que había logrado llevar a cabo alguno de sus retos. Nació para reírse del mundo. Era un adulto interpretando un papel en una comedia teatral para alumnos de escuela primaria. Como se trataba de una representación que no era seria ni real, siempre actuaba con soltura, sin temor. Buscaba hacer cosas graciosas, imponerse nuevos retos para no aburrirse al actuar cada día en la misma obra repetitiva, fácil y gris. Si no lo hacía, era demasiado sencillo y tedioso.

Había nacido en una familia rica y con solera, en un pueblo de pescadores. Desde muy niño ya tuvo que actuar ante el público con la responsabilidad del que sabe que se espera algo de él: un comportamiento adecuado, una vestimenta elegante, una imagen pública, un saber estar. Como debía ser actor a tiempo completo, se dedicó a estudiar lo que la gente hace para actuar. A base de observar y analizar, aprendió a interpretar esos pequeños gestos que te definen, te delatan, te hacen vulnerable. Lo que cada uno hace, por qué lo hace, las consecuencias de mantener una actitud. En definitiva, los rasgos que mostramos y los que escondemos, los puntos fuertes y débiles de las personas. La colada que tendemos fuera para que sea vista, pero también ese sótano húmedo y sucio que escondemos avergonzados. Todas las actitudes que nos exponen, acusan y desnudan ante los demás.

Su talento le habría permitido ser millonario, famoso, líder, triunfador... Sin embargo, él huyó de eso. Le parecía especialmente patético ser un líder o un millonario en una comedia teatral. En una comedia solo puedes aspirar a una cosa: a ser gracioso. Intentar provocar una hilaridad única y especial, buscar acciones que dejen una pequeña huella en los que sepan apreciarlas. Lo único que se permitió, dada su capacidad, fue manipular a los actores durante el desarrollo de la obra. Le gustaba hacer de la representación algo razonablemente justo —según su propio criterio de justicia, por supuesto—.

No era una persona normal, aunque le gustase alardear de ello. Quizá para él la normalidad fuera simplemente eso: ver que nada es serio ni real.

No siempre llegué a entender su forma de ser, muchas veces lo juzgué con dureza. Sin embargo, sus enseñanzas han sido una inspiración y me han ayudado a ser más feliz. Lo que compartimos juntos, desde que lo conocí hasta su muerte, me marcó de por vida. Una vida, la mía, vinculada para siempre a mi peculiar amigo y a una misteriosa roca: la Roca de los Desaparecidos.

La Roca de los Desaparecidos es un gran peñasco que sobresale del mar a unos cien metros de la costa. Puede verse perfectamente su negra y amenazante silueta recortándose sobre el cielo desde la cercana playa de Los Ahogados. No hace falta ser un gran deportista para llegar nadando, si eso es realmente lo que deseas. Unos pequeños salientes, a modo de escalones empinados, sirven de ayuda para escalar hasta la cima. Ese tampoco es el verdadero problema. Allí arriba queda una pequeña plataforma, a unos ocho metros sobre el mar, que permite a locos, inconscientes o desesperados prepararse para el salto. Mirar hacia abajo genera una lucha titánica entre el miedo y el vértigo, uno te paraliza y el otro te impulsa a saltar al vacío. La adrenalina se dispara. Ves varias rocas sumergidas creando un círculo, una diana donde debes acertar. Necesitas caer justo en el centro de esa especie de pozo profundo si no quieres matarte. Una vez en el aire, el tiempo de caída se hace eterno y parece que el temido choque no va a llegar nunca. Entonces llega el golpe contra el mar y notas que te hundes sin toparte con nada duro. Has evitado las temidas rocas y te inunda una brevísima tranquilidad, pero esa falsa calma vuela como una bandada de

11

gaviotas ante un perro rabioso cuando sientes el efecto de succión que te lleva hacia el fondo. Es en ese preciso instante cuando entiendes, aterrado, que las leyendas eran ciertas.

Todas las historias sobre la gruta submarina bajo la Roca de los Desaparecidos impresionaban. Eso, por supuesto, alimentaba el mito. El primer suceso extraño se produjo hace mucho tiempo. A mí me lo contó mi abuela, a ella se lo había contado su padre. Unos pescadores volvían después de haber pasado todo el día en la mar. Eran tres chicos del pueblo, dos hermanos y un primo, todos rondando los veinte años, hijos de pescadores, nietos de pescadores: la sal del mar corría por sus venas. Aquel día habían permanecido más tiempo en la mar intentando aumentar sus capturas. Anochecía cuando regresaban en su barca y decidieron acercarse a la Roca. Aunque era tarde, había luna llena y la mar estaba en completa calma, por lo que no intuyeron ningún peligro.

A los pies del enorme peñasco había un pequeño pozo totalmente definido. Gracias a la marea baja, las rocas habían quedado al descubierto, ligeramente por encima de la superficie. Como habían pescado poco, aún les quedaba carnada y decidieron lanzar los aparejos en ese hueco. El primo fondeó la barca y los dos hermanos se subieron a aquel círculo de un salto. Quizá pudieran salvar la jornada a última hora…

Todo sucedió muy rápido. Uno de los hermanos se escurrió y cayó al pozo, desapareciendo inmediatamente. El otro soltó todo lo que tenía y se zambulló tras él sin pensárselo. El tercer pescador acercó la barca y se quedó mirando impotente. Dio vueltas alrededor de aquel oscuro agujero en el que habían desaparecido sus primos, gritó sus nombres, pero no se atrevió a lanzarse dentro. Finalmente, sumergió la cabeza con cuidado para intentar ver algo. El agua estaba calmada y oscura, con un penetrante olor a pescado. Metió la cabeza un poco más y entonces sintió una fuerza que tiraba de él hacia las profundidades. Huyó espantado.

Aquella noche solo regresó el traumatizado primo. Todas las búsquedas posteriores fueron absolutamente infructuosas. No los encontraron, ni vivos ni muertos. Poco después, el primo abandonó el pueblo y nunca más se supo de él. De alguna forma, también desapareció.

Ninguno volvió jamás. Años más tarde, algunos aseguraron haber visto a uno de los hermanos, muy cambiado, en una gran ciudad, pero nadie pudo confirmarlo.

A partir de ese suceso, cada diez o quince años se fueron repitiendo las extrañas desapariciones. Ya fueran suicidas desesperados, jóvenes imprudentes, aventureros osados o perseguidos durante la Guerra Civil, siempre terminaba habiendo algún inconsciente que buceaba en la Roca y desaparecía para siempre. De esa forma, todas las generaciones tuvimos una desaparición más o menos cercana y la leyenda y el miedo se perpetuaron en los habitantes del pueblo.

En un principio, era a dioses y demonios a quienes se achacaban las desapariciones; más tarde, la gente empezó a sospechar que los desaparecidos no se esfumaban simplemente, sino que aparecían en otro lugar o en otro tiempo distinto. La gruta submarina los cambiaba para siempre y no querían, o no podían, regresar.

¿Qué pasaba realmente con los que buceaban bajo la Roca de los Desaparecidos?

Capítulo 2. México

—Tienes que morder un pelo del perro que te mordió ayer —me soltó el camarero.

Empezaban las vacaciones de agosto y había salido la noche anterior para celebrarlo. Tras levantarme tarde y con una tremenda resaca, una buena ducha fría logró espabilarme lo suficiente como para ser persona. Salí cabizbajo y con el pelo aún mojado de la Casa Internacional —la acogedora residencia donde me hospedaba—. El brillante sol y el bullicio de unos chavales jugando en la calle me hirieron con tal intensidad que me vi obligado a entrar en la cercana cantina que todos los estudiantes evitábamos. Estaba completamente vacía, así que pude elegir la mesa más alejada de la dolorosa luz que entraba a raudales por las ventanas. El mantel de plástico sucio y pegajoso me recordó que no había lugar para remilgos. La mala elección del sitio empezó a irritarme. Me juré aceptar con resignación lo que viniera para evitar que explotara el cabreo que empezaba a gestarse en mi interior. El camarero, intuyendo mi resaca, se acercó amable y comprensivo.

—Un café, por favor —pedí secamente.

—Si agarró la *peda* en México, tiene que curarse la cruda al puro estilo mexicano: chela fría y chilaquiles

15

bien picosos. Ya me lo decía mi abuelito: «Tienes que morder un pelo del perro que te mordió ayer, así es como te curas».

Sentí que era incapaz de negarme sin desatar mi creciente cólera, así que acepté.

Mientras esperaba mis chilaquiles dando pequeños tragos a una fría cerveza Sol, llegó un tipo calvo con un gran bigote rubio al local. Era gordo como un tonel y estaba sudando a mares. La camisa desabrochada y los asquerosos pantalones cortos no podían albergar ni una sola arruga más. Sin duda, había dormido con esa misma ropa. Se dirigió directamente a mi mesa y se sentó. Solo una vez acomodado se molestó en pedirme permiso. Por su acento parecía ser extranjero, alemán quizá.

—¿Te molesta que compartamos mesa?

El camarero regresó en ese instante con mis chilaquiles e intentó ayudarme.

—Pinche filósofo loco, deja tranquilo al güerito. Aún es bien temprano para tus pendejadas.

Miré al camarero, me guiñó un ojo con cara de complicidad; miré al resto de las mesas vacías. Con la resaca y la irritación, mi habitual timidez había desaparecido. No quise tutearle para mantener las distancias.

—Puede sentarse donde quiera —respondí secamente.

—Está bien, *mi Filósofo* —intervino con sorna el camarero tras mi conformidad—. ¿Mucho trabajo hoy? ¿Qué vamos a tomar?

El otro no acusó la andanada.

—Lo de siempre —pidió con naturalidad.

—¿Sabes lo que es el *valemadrismo*? —preguntó, mirándome fijamente mientras se encendía un cigarro.

Yo estaba comiendo y lo del cigarro me molestó.

—No le importará que yo coma mientras usted fuma... —le solté con ironía.

—Ni modo, güey —respondió ignorando mi indirecta.

Tras un largo silencio, repitió la pregunta.

—¿Sabes lo que es el *valemadrismo*?

—*Me vale madre* significa que no me importa nada —contesté irritado.

—Más o menos. Se lo explicaré mejor: *valemadrista* es aquel que vive según la teoría del *valemadrismo*. Dicha teoría implica que nada te importa, que todo te trae sin cuidado. El buen *valemadrista* suele ser huevón. Huevón es el individuo que vive la hueva. Definir la hueva es difícil. Piensa en el mayor grado de pereza jamás experimentado, elévalo a la enésima potencia y solo te estarás acercando mínimamente a ese profundo sentir. Lo más importante en esta vida es ser *valemadrista*, incluso por encima de huevón. Hay gran conexión entre ambas corrientes, pero si bien el *valemadrismo* es una filosofía pura, lo de ser huevón es un complemento o una consecuencia, eso sí, fundamental. Solo serás un buen huevón si te valen madre las consecuencias de tu hueva...

En ese momento ya no pude contener más la violencia que llevaba toda la mañana refrenando. La cólera desbordó mi cuerpo y, mientras le gritaba con la cara congestionada, me levanté con tal brusquedad que tiré la silla.

—¡Váyase a la mierda! ¡Es usted un pelmazo!

Salía refunfuñando de aquel maldito lugar cuando oí gritar mi nombre. Tardé un poco en saber quién era el chico que se me acercaba sonriente. Estaba algo cambiado y no esperaba verlo allí. Encontrarme a una persona de un pequeño pueblo de Galicia en medio de una gran ciudad mexicana era algo desconcertante, pero que fuera precisamente mi amigo lo era aún más. Tuve una sensación inicial agridulce que me dejó un poco paralizado. Después de pasar muchos veranos juntos, discutimos justo el último día y el puñetazo que le asesté supuso un triste final para las vacaciones de mi infancia. No volví a pisar aquel bonito pueblo y aquel golpe se convirtió en nuestra despedida.

Él me dio un abrazo, sin titubeos, nada más verme.

—¡Cuánto tiempo! ¿Qué haces tú por aquí?

—Eh… Tengo una beca de estudios. Eh… ¿Y tú?

—Viaje de trabajo. Mi empresa tiene negocios aquí. Querían enviar a alguien formado, serio y con experiencia, pero no lo tenían, así que he venido yo —rió divertido—. La reunión es esta tarde, después me voy a tomar un tiempo para viajar y conocer el país. ¿Tú conoces bien México?

—Eh… No mucho. Todavía no he tenido tiempo de viajar. Acabo de empezar las vacaciones…

—Tengo hambre —me interrumpió—. Sígueme.

Me llevó a un puesto de tacos que había en la esquina. La pequeña caravana grasienta donde los servían desprendía un abundante y apetitoso aroma. Avanzamos entre la numerosa clientela que sitiaba el lugar y pidió dos *tacos al pastor*. No quise comerme el mío y él dio buena cuenta de ambos. Al terminar sacó un palillo y se lo llevó a la boca.

—¿Ahora usas palillo? —pregunté sonriendo al ver ese detalle—. No pega, en absoluto, en alguien con tu esmerada educación.

—Un respeto. Se llama mondadientes. Tú debes llamarlo señor Mondadientes.

Pidió un par de cervezas —«un par de chelas» fue lo que dijo—. Levantó ostensiblemente el meñique al beber. Su gesto me hizo gracia de nuevo, pero esta vez no dije nada. Para romper el silencio, saqué el tema del pueblo gallego donde veraneábamos de pequeños. Era el vínculo que nos unía y yo aún tenía guardada una pregunta que me atormentaba.

—¿Qué sabes del pueblo? —pregunté.

Lo mismo de siempre... ¡Ah, no! —exclamó poniendo una cara completamente diferente—. ¡Qué despiste! Todo ha cambiado. ¡Han puesto un semáforo!

—¿Un semáforo?

—Sí, un semáforo. La tecnología y el urbanismo han llegado por fin a la aldea gallega. Las luces del semáforo son el símbolo de la iluminación que marca el final de siglos de oscurantismo. No han reparado en gastos. Ahora el tráfico es mucho más fluido. Se han acabado por fin los interminables atascos de una aldea con cuatro coches. *Tenche que ver!*

—¿Dónde lo han puesto? —pregunté sonriendo.

—En medio del pueblo, justo al lado de El Corte Inglés…

—¿Un Corte Inglés? Estás de coña.

—Sí, claro, a tanto no llegamos —rió—. ¿Pero nunca has pensado que El Corte Inglés es lo que determina el paso de un gran pueblo a una ciudad? Tenerlo te da caché como núcleo urbano, te da nivel y categoría.

—¿Recuerdas los cangrejos de la playa? —lo interrumpí, orientando la conversación hacia donde deseaba.

—¿Cómo no recordarlo? ¡Si fui yo el que te enseñó a capturarlos! —protestó muy serio.

—¡Venga, hombre!

—¿Seguro? —insistió con cara de broma.

—Ja, ja, ja. ¿Qué sabes de la gente de allí? ¿Sabes algo del Pirulo? —El Pirulo era el ídolo de nuestra pubertad, el referente del pueblo, el último rebelde, el rey de los locos.

—El Pirulo sigue igual, ha hecho un pacto con el diablo. Te lo juro, no va a morir nunca.

—Ese nos entierra a todos…

—No lo dudes —aseveró riendo.

—¿Se supo algo más sobre lo de Quique Malo? —pregunté, afrontando por fin lo que realmente deseaba saber, mientras una ola de pánico me inundaba y me hacía sentir como un crío.

—No. El que desapareció fue don Prudencio. ¿Te acuerdas de él? Un día encontraron su barca vacía y rota. Precisamente estaba cerca de la Roca de los Desaparecidos —añadió con intención—. Estaba incrustada entre unas peñas, por eso no se hundió y la pudieron encontrar. Don Prudencio no estaba dentro de su barca, no lo encontraron. La gente dice que cuando vio que ya no podía valerse por sí mismo, se ató una nasa llena de piedras al tobillo y se arrojó al mar, por eso nunca lo encontraron. Otros piensan que se metió a bucear bajo la Roca de los Desaparecidos, ya te imaginas... Yo soy de esa teoría. ¿Te acuerdas de lo que nos contó?

—Maldito pueblo de locos y misterios raros —maldije, intentando aparentar tranquilidad y aplomo—. Ha pasado un montón de tiempo, pero lo tengo aún marcado a fuego. Es como si el bueno de don Prudencio nos estuviera contando aquella historia ahora mismo. Aquel verano se me ha grabado de tal forma que lo recuerdo todo con total precisión y detalle. Como para olvidarlo...

Mi amigo asintió y no añadió más. Yo había notado un brillo especial en sus ojos al hablar de la Roca de los Desaparecidos, después se había quedado pensativo.

—Yo solo invierto en olvidos —murmuró mientras pedía otra cerveza.

Le dio un trago, miró su reloj y pagó la cuenta.

—Perdona, tengo un poco de prisa. Debo asistir a una reunión tan aburrida que hasta me dan ganas de invitarte.

Me reí, realmente no había cambiado.

—Oye, no te rías —protestó sonriendo mientras ponía una expresión de falso enfado—, aún te debo un puñetazo, so bestia. No lo he olvidado.

Antes de que tuviera tiempo para excusarme, habló de nuevo.

—Te paso a buscar esta noche y tomamos unos tacos y unas cervezas ¿Dónde vives?

—En la Casa Internacional, una residencia que hay en la calle Alemania. ¿Sabes dónde es?

—La encontraré, no te preocupes. Pasaré a buscarte a las nueve en punto.

Nada hacía presagiar que aquella misma noche terminaría acostándome angustiado, con un cuchillo bajo mi cama.

Capítulo 3. Sombra Oscura

En un pequeño pueblo pesquero de Galicia fue donde aprendí esas cosas necesarias que están más allá de los libros. En aquellos intensos veranos, mi vida se llenaba de color y aventuras. Yo era un chico de ciudad y me fascinaba todo lo relacionado con la naturaleza. El mar ejercía sobre mí un efecto hipnótico y adictivo, secuestrando y monopolizando todos mis pensamientos. Con la imagen de la futura pesca en mi cabeza, rumiaba a gusto lo que me depararía el día. Una infinidad de especies fascinantes y desconocidas se escondían bajo aquellas misteriosas aguas.

En las soleadas mañanas de marea baja con aguas cristalinas no era posible concebir un plan mejor que ir a pescar cangrejos. Con mi tridente y un par de bolsas para guardar las capturas, iba corriendo a la playa con la urgencia de quien cree que en cada segundo se le va el día. En cuanto llegaba, me metía en el agua hasta la cintura y empezaba a caminar a lo largo de la orilla.

Con los cangrejos me imponía tres normas: no capturar nunca hembras con huevos, no pescar cangrejos pequeños y buscar siempre una lucha lo más justa posible. Me gustaba darles la oportunidad de defenderse y escapar, así que debía usar únicamente mi mano desnuda —no valía ayudarme con el tridente—. Disfrutaba especialmente con los que más se resistían, que levantaban las pinzas para defenderse. Nadie quería acompañarme nunca, así que me había acostumbrado a ir solo. Épicas peleas se recreaban en mi imaginación durante aquellos largos paseos y, tras luchas mitológicas, era capaz de derrotar a seres extraños y gigantescos. Lo grandioso es que, a veces, algo parecido sucedía, y pescaba un enorme centollo. Entonces volvía a casa feliz, pensando en la cara de mis padres cuando vieran mis capturas. Estarían impresionados y orgullosos.

Volvía de la playa con mi bolsa llena de cangrejos y noté que me seguían. Me giré y lo vi. Llevaba un bañador azul marino —siempre usaba bañadores de ese color—, una camiseta blanca y su gorra roja plagada de insignias. Rubio de pelo, blanco de piel, delgado y fibroso: una apariencia bastante normal, sin nada que destacara en exceso, salvo las insignias. Sentado en su reluciente bici BH roja, pedaleaba muy lentamente, casi a mi lado, y me miraba con intensidad. Esa es la primera imagen que tengo de él, lo recuerdo con total claridad porque estuvo observándome largo tiempo sin disimulo. Yo era tímido y él debió de intuirlo rápidamente.

—¿Me enseñas lo que llevas en la bolsa? —preguntó finalmente con amabilidad.

No me apetecía enseñarle mis capturas, pero no supe negarme.

—Son muy pequeños.

La frase, hiriente e innecesaria, me escoció. En condiciones normales no habría dicho nada, pero la impertinencia de haberme estado mirando fijamente tanto rato, para luego salir con semejante bobada, logró superar el umbral de frustrante autocontención que me imponía mi timidez. Sentí que me hervía la sangre.

—Como tus huevos, ¡gilipollas!

Entonces surgió una de sus salidas típicas. Se rió con sinceridad, puso una cara humilde y conciliadora y me dijo:

—Buena respuesta. Has estado muy rápido. Perdóname, te estaba tomando el pelo. ¿Te importaría enseñarme a pescarlos? Me gustaría ir contigo.

Su repliegue logró que volviera mi timidez. Rojo como un tomate, asentí balbuceante.

—Bueno, vale.

Así fue como empezamos a ir juntos a por cangrejos, y tras pasar todo el verano capturándolos en la playa, fue en un caluroso día de septiembre cuando todo empezó a complicarse.

En la zona de Galicia donde veraneábamos las fuertes mareas de septiembre se conocen como *lagarteiras*. Cada año por esas fechas, la marea subía y bajaba mucho más de lo habitual y todo se volvía mágico. Era entonces cuando las cosas más extrañas sucedían y cuando con más ilusión iba a la playa. En aquellos misteriosos días, la bajamar permitía acceder a lugares normalmente inalcanzables y ofrecía tesoros ocultos durante el resto del año.

Aquel día me había levantado tan temprano que, cuando llegué a la playa, mi amigo aún no estaba. La marea había bajado hasta casi alcanzar la zona donde fondeaban las barcas de los pescadores y había algo extraño en el mar, pero al principio no supe determinar lo que era. Al cabo de un rato me di cuenta de que no se veía ningún cangrejo, y ese desconcertante vacío era lo que desentonaba. Decidí probar a más profundidad, a ver si había suerte. El agua ya me llegaba por encima del ombligo.

Al principio me parecieron trozos de redes perdidas por algún barco. Los peces se habrían ido quedando atrapados en ellas atrayendo a más peces y cangrejos. Me acerqué con cuidado, muy despacio, el agua casi me llegaba al pecho y me resultaba difícil moverme. Para poder ver lo que había debajo, la única solución era bucear. Realicé varias respiraciones profundas, inspiré todo lo que pude y me sumergí en el agua helada. Solo entonces me di cuenta de lo que eran: nasas. ¡Nasas llenas de cangrejos, de nécoras y de centollos! No esperaba verlas porque aquella era una zona prohibida. El que las hubiera puesto se estaba saltando la normativa y se arriesgaba a una buena multa. Me agobié, podía meterme en un lío. Estaba pensando en todo ello cuando vi acercarse a mi amigo. Con el anhelo de compartir mis miedos, me dirigí velozmente hacia él y se lo conté todo.

—Estupendo —celebró pícaramente—. Ya supondrás lo que vamos a hacer…

—Yo no denunciaría nada. Si nos chivamos, al de las nasas le va a caer una buena multa. Nos mata fijo.

—¡No vamos a denunciar a nadie, hombre! Lo que vamos a hacer es quedarnos con lo que hay en las nasas. No hay nadie cerca.

Miré con miedo.

—No hay nadie tan cerca como para apreciar si sacamos los cangrejos directamente de la arena o si los sacamos de las nasas —insistió.

La idea de hacernos con todos aquellos cangrejos me tentaba, pero seguía con algo de miedo.

—Vamos a sacar todos los cangrejos. Nos quedaremos solo con los más grandes y liberaremos al resto —volvió a insistir.

Finalmente acepté. Estaban haciendo algo ilegal, esquilmando mi playa y mis cangrejos. ¡Qué coño! Se merecían un pequeño castigo.

Buceando ambos a la vez, agarramos la primera nasa y tiramos con fuerza para sacarla a la orilla. No era muy pesada, pero el cabo unido al resto de nasas hacía de lastre y era imposible moverla. Agotados tras varios intentos, tuvimos que replantearnos el método. Aquella nasa estaba poco profunda, pero hacíamos las inmersiones muy seguidas, el esfuerzo repetido bajo el agua nos había dejado exhaustos.

—Así no las vamos a mover —dije jadeante.

—Tienes razón. Hay que darse prisa, la marea está empezando a subir.

Decidió que la mejor forma no era mover las nasas, sino movernos nosotros. Ir de nasa en nasa, sacando los cangrejos. Lo malo era que, si bien la primera nasa estaba cerca de la orilla, el resto estaba en aguas más profundas. Además, con la marea subiendo, la profundidad iba en aumento.

Normalmente las nasas se abren por un lateral, deshaciendo un nudo. Eso permite sacar cómodamente su contenido. Sin embargo, en nuestro caso no era posible ponerse a deshacer nudos bajo el agua. La única opción era meter la mano por el tubo por el que entraban los cangrejos y sacarlos directamente por allí. Meter la manita a ciegas y forzar la postura para agarrarlos era de locos, si te pillaban el dedo con sus pinzas, el dolor iba a ser enorme. Un cangrejo grande puede hacerte un buen corte, un buey de mar te destroza el dedo.

—No voy a meter ahí la mano. Es una auténtica locura —protesté.

—Sígueme.

Una vez que tomaba una decisión, actuaba con rapidez y determinación. O te unías a él o te quedabas solo, no te dejaba otra opción. Como siempre, me uní a él.

La primera nasa fue fácil, para la segunda ya tuvo que bucear más profundo. Se sumergió con fuerza, metió la mano en la nasa y sacó una nécora enorme.

—Estás como una cabra. Como te pille un dedo te lo revienta —dije negando con la cabeza.

Fuimos repitiendo la operación de nasa en nasa, de cangrejo en cangrejo. Conseguimos tantos que no nos cabían en las bolsas y tuvimos que soltar muchos, quedándonos únicamente con los más grandes.

Al llegar a la última nasa pudimos ver que estaban amarradas al ancla del barco de Sombra Oscura, una persona odiada y temida en el pueblo. La idea era buena, a la hora de recogerlas la tarea era sencilla: izar el ancla y tirar del cabo del que iban pendiendo todas las nasas.

La última nasa, la más pegada al buque, estaba bastante profunda.

—Estoy muy cansado. Te toca a ti —me ordenó.

Aunque me daba mucho miedo, no supe negarme, se suponía que íbamos a repartir la pesca entre ambos. Le pasé las bolsas con las capturas, cerré los ojos y realicé varias respiraciones profundas. Me puse justo en la vertical de la nasa y me sumergí braceando con fuerza. Cuando llegué al fondo me agarré a ella para mantenerme sumergido sin esfuerzo. Miré a través de la malla para intentar descubrir lo que había dentro, pero me había quedado sin aire y solo pude distinguir una forma enorme antes de salir a la superficie.

—¡Cobarde!

—Solo quería saber lo que me voy a encontrar dentro. Hay que mirar antes de meter la mano. Ni siquiera lo he intentado aún —protesté picado.

Inspiré de nuevo y me dirigí a la nasa. En cuanto llegué, metí la mano por el tubo de entrada y la moví con cautela hacia los lados. Por fin toqué algo muy grande, por el tacto rugoso parecía un centollo. Intenté sujetarlo por el caparazón y no lo logré, se movía mucho. Entonces pude agarrar dos de sus patas y tiré con fuerza. Me estaba quedando sin aire y ya no me preocupaba nada más que sacarlo y llegar a la superficie. Lo zarandeé bruscamente y logré que saliera. El recorrido desde el fondo se me hizo eterno, pensé que no lo lograba, pero por alguna razón no solté el bicho. Al llegar arriba respiré con una mezcla de angustia y liberación, desentendiéndome del centollo.

—¡Muy bien! —gritó mientras lo agarraba—. Es el más grande de todos los que hemos capturado. ¿Ves como no era para tanto?

¡Lo había logrado! Eufórico por el subidón de adrenalina tras la tensión acumulada, me creí un ser excepcional e invencible, un auténtico héroe.

En la orilla nos repartimos los cangrejos. Me quedé con mi enorme centollo y me fui muy contento a casa, orgulloso de mi hazaña. Aquella noche nos dimos una buena mariscada. Lo único que me inquietó fue no decir nada de las nasas. Aunque realmente no mentí: dije que los había capturado gracias a lo baja que estaba la marea por las *lagarteiras*…

Lo malo es que Sombra Oscura, el que había puesto las nasas ilegales, nos había visto buceando cerca de su barco, y cuando recogió las nasas vacías, intuyó lo que habíamos hecho.

Sombra Oscura era un hombre huraño y violento, odiado y temido, a partes iguales, por la gente del pueblo. Su apodo se debía a su capacidad sigilosa y rápida para robar y delinquir. Había puesto unas nasas en una zona ilegal, pero eso no era su delito más grave, ni mucho menos. Todo lo que tenía se lo había ido robando a los demás o lo había obtenido de malas formas.

Tenía su famosa casa en el monte, cerca de los acantilados. Estaba construida en un sitio prohibido, el alcalde había hecho la vista gorda y nadie había querido enfrentarse a él. El agua de la casa provenía de un riachuelo cercano, la robaba desviando el curso del río y dejaba al resto sin agua. Luego lo negaba todo, y como allí arriba, en el monte, solo vivía él, era imposible pillarlo con las manos en la masa. También tenía varias porciones de monte con eucaliptos plantados. No eran de su propiedad, pero cuando el dueño murió, se quedó con los terrenos. Los legítimos herederos vivían en grandes ciudades y no quisieron meterse en juicios, demasiados líos para gente de fuera. No conforme con eso, el tamaño de las parcelas de eucaliptos iba en aumento. En los montes de Galicia, las tierras están delimitadas con *marcos*: unas piedras semienterradas, situadas en las esquinas de las propiedades, que sirven para acotarlas. Cada vez que tenía oportunidad, movía esas piedras unos pocos metros, ampliaba su parcela e incluía una nueva línea de eucaliptos en su terreno. Sombra Oscura cortaba sus montes cuando lo hacían los vecinos adyacentes. Una vez cortados y plantados todos a la vez, el tamaño de los eucaliptos era el mismo y era más fácil incluir líneas de eucaliptos del mismo tamaño sin que se notara. Así, las pequeñas parcelas de monte fueron creciendo.

En el último par de años el precio de la madera había subido y muchos habían cortado sus montes. Sombra Oscura, por supuesto, también había talado. Con el dinero ganado decidió comprar un toro: un semental magnífico que trajo de lejos. En la época en que le robamos los cangrejos acababa de comprárselo. Le había costado un dineral y tenía pensado forrarse cobrando las montas de tan valioso ejemplar. Estaba tan orgulloso de su animal que le construyó un buen establo en un terreno cercano a su inquietante y enigmática casa. La casa de la que todos hablaban, pero en la que nadie había entrado jamás, estaba rodeada por una valla con arbustos densos y espinosos que le daban un aspecto hostil. Para terminar de intimidar, junto a la entrada había un cartel, viejo y sucio, sobre una vara de eucalipto. Aquel cartel parecía haber sido escrito con un dedo embadurnado en sangre. Su letra, tosca e irregular, decía simplemente: «PIÉNSATELO».

Piénsatelo: esa era la amenaza de Sombra Oscura. Una amenaza siniestra. Piénsatelo. No decía nada, pero daba que pensar. Piénsatelo. Vaya si daba que pensar.

Capítulo 4. El Hombre del Peyote

Hay ocasiones en que, al mirar al pasado, es fácil unir los hechos y saber el principio de una historia, lo que originó todo lo que ocurrió después. Lo malo es que en el presente, cuando estás viviéndolos, no te das cuenta. Lo que cambia nuestro destino no se suele originar a lo grande, sino de la forma más nimia. Pequeños detalles terminan siendo el desencadenante de graves consecuencias que hacen que nuestra vida cambie para siempre. Luego, pasado el tiempo, puedes llegar a encontrar el origen, pero no la lógica. Algunos tratan de encontrarle moraleja o de señalar dónde estuvo la equivocación, pero eso no son más que pamplinas, es imposible predecir lo que saldrá a la larga de cada pequeña decisión que tomamos. Lo que quiero decir con todo esto es que conocer al Hombre del Peyote fue el detonante de todo lo que nos ocurrió después.

Mi amigo vino a buscarme a la hora convenida. Tras cenar abundantemente en un pequeño puesto de tacos al que me llevó —parecía ser un experto en ese tipo de sitios—, fuimos a una cantina cercana. Allí hicimos una de las cosas que más puede llegar a ilusionar a un hombre: beber con un amigo de la infancia. Hablar de recuerdos y hazañas de juventud proporciona un placer inigualable. Las palabras volaron rápidas como las botellas de cerveza, en una espiral imparable. El tiempo pasó a esa gran velocidad a la que solo puede hacerlo en una noche de juerga y casi sin darnos cuenta llegó la hora de cierre. Mientras recogían, nos permitieron tomarnos la última. Aparte de los camareros, solo quedábamos nosotros y otro cliente solitario: un tipo con pinta de *hippy* que bebía en la esquina de la barra. Llegó un momento en que se nos unió. Tenía acento sudamericano, pero no supimos determinar exactamente de dónde.

El Hombre del Peyote vestía unos pantalones de tela fina, viejos y raídos, y una camiseta casi transparente de puro desgastada. Tenía una especie de fular alrededor del cuello, también muy gastado. Colores no había: toda su ropa era de un color uniforme, desvaído por el sol. Los pantalones pudieron haber sido verdes mucho tiempo atrás; la camiseta pudo haber sido beis; el fular pudo haber sido naranja, o no. Su calzado era lo que más llamaba la atención: unas chanclas muy peculiares con un trozo de neumático por suela.

No parecía joven ni viejo, era difícil precisar su edad. Tenía la barba larga y sucia, el pelo no se quedaba atrás. Alto y delgado, muy moreno, su piel estaba ennegrecida por el sol. Lo que asustaba era su mirada: bajo unas espesas cejas negras se escondían dos ojos zarcos, de un azul clarísimo, que el sol también parecía haber descolorido. Eran unos ojos muy vivaces, que le daban a su mirada una intensidad especial. Una ligera locura asomaba amenazante en esa mirada, y era aún más evidente cuando empezaba a hablar.

—Me gusta beber —nos soltó de repente con cara de poseído—. Es bueno para la mente.

—¡Por la bebida! —gritó mi amigo.

Soltamos una carcajada, brindamos y le dimos un buen trago a nuestras cervezas.

—Os voy a contar una teoría curiosa —dijo mi amigo—: la Teoría del Gran Piojo. Según esta teoría, no hay que lavarse el pelo todos los días, ni mucho menos. Yo intento no lavármelo, veo que usted hace lo mismo —le lanzó al Hombre del Peyote—. Cuando no lo lavas, los piojos empiezan a encontrarse a gusto, a crecer y a reproducirse en un ambiente favorable. Cada vez hay más y comienzan los procesos de competitividad y selección natural. Se encuentran hacinados, así que empiezan a morir. Algunos mueren por enfermedad, otros se matan entre ellos... Llega un momento en que solo sobrevive uno: el Gran Piojo. Ha matado al resto, ha sido capaz de hacerse más grande y fuerte que los demás. Es tan grande que lo ves con facilidad, así que lo sujetas con dos dedos, te lo quitas y lo lanzas al fuego. En ese preciso momento tu cabeza está limpia, sin piojos. Si eres capaz de ser paciente, de esperar a ese instante, descubrirás que el champú no es necesario.

Reímos de nuevo —incluidos los camareros, que se habían acercado a escuchar la historia—. Luego, aquel extraño personaje de pelo sucio se quedó callado, meditabundo.

—¿Han probado el peyote? —nos preguntó de sopetón.

Negamos con la cabeza.

—No pueden irse sin probar el peyote. Tienen que ir al desierto y probarlo. Cambiará sus vidas.

—¿En qué sentido? —preguntó mi amigo muy interesado.

—Todo lo cambia. Me fui al desierto a buscar el peyote. Es un pequeño cactus que apenas sobresale del suelo. Ha de ayudarte a encontrarlo la persona adecuada... Lo tomé una vez y repetí. Estuve tres meses tomándolo y mi vida cambió para siempre. Con esa experiencia miro ahora al mundo. Veo a la gente que no ha vivido lo que yo y me río, ellos no saben por qué... ¡Yo sí! Hice preguntas y encontré respuestas. Descubrí el secreto. Cuando volví a mi país, había cambiado mucho. Mi trato con la gente a la que conocía era distinto. Algunos que antes me caían mal, ahora me caían bien; otros que me caían bien dejaron de hacerlo. Ellos no lo entendían, no sabían por qué... ¡Pero yo sí!

Al decir esto, sus ojos brillaron con una luz especial, con una mayor locura, si cabe. Sus labios temblaron y la saliva se acumuló en las comisuras de su boca. Rió muy alto, con una risa demente y rara.

—Ahora puedo ver el aura de la gente —continuó—, las conexiones que unen a cada uno con el resto y con la naturaleza. Tú escondes algo —dijo mirando a mi amigo—. Veo algo extraño en ti, algo malo que no quieres mostrar. Te hace daño, se nota en tu aura. Estás enfermo.

—Sí, es cierto —reconoció muy serio—. Mi aura tiene algo muy malo que he intentado ocultar toda la noche: tengo diarrea.

Logré reprimir la risa. El tipo del peyote ignoró el comentario. Estaba demasiado metido en su propio discurso. Continuó hablando.

—Cuando estén *empeyotados* no pierdan el tiempo, tienen que acercarse mentalmente a Mezcalito. Búsquenlo, es el oráculo, a él deben hacerle las preguntas sobre ustedes, sobre su vida. Les responderá, pero hay que hacerle las preguntas adecuadas. Vayan a un pequeño pueblo que está cerca de Real de Catorce, se llama San Antonio de Coronados. Pregunten por doña Toña, díganle que van de mi parte, de parte de Peter Marco. Ella los ayudará.

—¿Es Mezcalito el verdadero príncipe de los Seres Verdes? —preguntó mi amigo, haciéndome un guiño.

—Eso es lo de menos, es el que te aclara las dudas y punto. No juegues conmigo, recuerda que yo veo tu juego.

—Hay que consultarle sobre nuestras dudas más profundas —aventuré yo.

—Eso es. Tú sí lo has comprendido —afirmó—. Díganle a doña Toña que van de mi parte, de parte de Peter Marco. Vive en una casa al lado de la iglesia, no se olviden. Recuerden a doña Toña, doña Toña... Tienen que preguntar por doña Toña, putos ignorantes comemierdas... Perdonen, ¿esto último lo he pensado o lo he dicho en voz alta? —preguntó con cara de sorpresa.

Ni siquiera tuvimos la oportunidad de contestar. Se levantó y buscó en su bolsillo para pagar, pero mi amigo se adelantó.

—Invitamos nosotros. Gracias por sus maravillosos consejos.

37

El Hombre del Peyote se lo agradeció con un gesto gentil de cabeza. Avanzó hasta la puerta con paso veloz y ágil, abrió el pestillo y se perdió en la oscuridad de la noche.

6:58 a. m. (aún mamados)

La noche había sido intensa. Había empezado en el puesto de tacos, continuado en la cantina y finalmente nos había llevado a la elitista discoteca Pachito Pupupi, de donde nos habían echado por ser la hora de cierre. La cerveza y el tequila le daban nombre y apellido a aquella velada de excesos. Mi amigo me contaba una de sus peculiares teorías.

—Te voy a contar algo gracioso relacionado con los trucos para desconcertar en las negociaciones: la Triple Negación. Dos negaciones se convierten en una afirmación. Por ejemplo, si me dices: «No me digas que no», lo que quieres es que te diga que sí. Si dices: «No quiero negarlo», lo que haces es afirmarlo. Las dos negaciones se anulan. Forzar ese tipo de frases ayuda a desconcertar: «No quiero que no te vayas». Pero puede darse una vuelta más de tuerca, así llegamos a la Triple Negación. Meter una tercera negación en la frase aumenta la dificultad de comprensión.

—¿Tres negaciones? ¿Cómo?

—No pienses que no sé que no es fácil.

—¡Estás chalado!

—No creo que no sepas que no es verdad…

Mientras reíamos, vimos acercarse a una preciosa mexicana. Nos sonrió y se iluminaron sus enigmáticos ojazos.

—Buenos días. No hemos desayunado aún. No me digas que no nos acompañas a tomar algo porque no tienes hambre —le solté, envalentonado por el alcohol y señalando un cercano puesto de tacos.

—Son de España, ¿verdad? Me gusta la forma en que hablan, suena bien chido.

Mi amigo se despidió después de comerse el segundo taco y se llevó el tercero para el camino. Me quedé con la preciosa mexicana y hablamos durante mucho rato. Me dijo que era pintora. El asunto dio mucho juego y le hice bastantes preguntas. Al final me invitó a su casa para enseñarme sus cuadros. Me miró a los ojos y su risa preciosa me desarmó totalmente.

Entramos en su casa, fuimos al dormitorio y me besó. Fue un beso caliente y húmedo. Se abalanzó sobre mí y me empujó. La puerta del cuarto se cerró con nuestro impulso. La agarré con lujuria y la apreté contra mi cuerpo. Entonces sentimos un golpe y paramos de besarnos, alguien empujaba la puerta desde el otro lado. Por suerte, estábamos apoyados en ella y no pudieron abrir. Permanecimos inmóviles, impidiendo el paso a quien forcejeaba fuera.

La voz sonó con un evidente tono de enfado.

—¿Zulema?

Ella me apartó y abrió. Apareció un chico mayor que yo.

—Eh... Hola, Alejandro —tartamudeó disimulando—. Eh... Le estoy enseñando mis dibujos a un estudiante español de bellas artes. Dice que lo mismo puedo exponer en España. Este es Alejandro, mi novio —me presentó.

El chico nos miró alternativamente con cara de odio: primero a mí, luego a ella. Le extendí la mano, aún desconcertado. Mi cara debía de ser un poema. Él ni se inmutó. Clavó la mirada en Zule con violencia y ella bajó la cabeza. Luego se giró hacia mí e hizo un amago de golpearme. Me aparté asustado. Entonces rió con rabia, se dio la vuelta y salió del cuarto.

—¡Nos vemos! —fue su amenazante despedida antes de salir de la casa dando un gran portazo.

Permanecí observando a Zule unos instantes. Estaba muy asustada. Me ofrecí a quedarme con ella, pero se negó. Insistí y se puso muy nerviosa, así que me despedí con un torpe beso en su cara.

Al cruzar el umbral me entró miedo. ¿Estaría esperándome aquel energúmeno? Miré a ambos lados con desconfianza y salí corriendo. Tras correr durante unos minutos, me quedé sin aliento y comencé a caminar. Me llevó un buen rato llegar hasta la Casa Internacional. Entré cabizbajo, cavilando, estaba triste y exhausto. Deseaba volver a ver a aquella chica, pero no debía hacerlo. Al novio no lo conocía y parecía muy violento. No le sería difícil averiguar dónde me alojaba, recordaba habérselo dicho a Zule. Me entró miedo, seguro que vendría a por mí.

Al llegar a mi habitación cerré con cuidado, puse una silla delante de la puerta y un gran cuchillo de cocina justo bajo mi cama.

Capítulo 5. El yate fantasma

En un sombrío pueblo pesquero donde la oscuridad reina a su antojo bajo perpetuos nubarrones grises, donde la lluvia y el viento no son la excepción sino la norma y el espeso manto de niebla oculta cosas que no quieres ni imaginar, los supersticiosos éramos mayoría. Los miedos cobraban alas para penetrar en los hogares y desarrollaban zarpas con las que se agarraban al alma de los temerosos.

Depender de la mar en cada envite te hace consciente de lo diminuto y frágil que eres y te impulsa a creer que si sigues determinadas reglas te salvarás. Es así como se comienzan a intuir señales donde no las hay, porque no hay nada más fácil que ver lo que se desea. Algunos no salían a la mar en determinados días, otros solo lo hacían tras pasar con su barco tres veces bajo una pequeña ermita que había sobre el acantilado... Todos tenían sus fantasmas y rituales.

La historia del yate fantasma corrió por el pueblo rápidamente: había desaparecido un yate francés con sus tripulantes.

Los últimos en verlo habían sido unos pescadores. Estaba fondeado cerca de la costa. Entonces llegó la tormenta. Una tormenta descomunal azotó el pueblo.

Solo los más viejos recordaban algo similar. El viento desatado y el agua embravecida golpeaban con rabia las ventanas, que a duras penas resistían los furiosos embates de la naturaleza. Los rayos se abatían violentamente sobre el río, generando un estruendo aterrador. Las olas barrían toda la playa, azotando inmisericordes las casas más cercanas a la costa. Todas las fuerzas de la naturaleza pugnaban sin cuartel para demostrar cuál era la más poderosa.

Cuando terminó la tormenta vino el balance de daños. El pueblo y sus alrededores presentaban un aspecto dantesco. Embarcaciones volcadas o con importantes desperfectos podían verse desperdigadas por toda la ría. Era como si un gigante se hubiera dedicado a chapotear sin piedad en una bañera repleta de juguetes. Algunas barcas, impulsadas por el temporal, se apilaban desbaratadas sobre la playa. Incluso tierra adentro, en los sitios más inesperados, encontramos chalanas. Las casas también habían sufrido lo suyo, muchas se veían destartaladas, sucias, heridas, con las horrorosas cicatrices de tan brutal pelea. Gran cantidad de árboles habían sido derribados o tronchados, y sus enormes troncos yacían tumbados e insepultos. Sin embargo, y por increíble que parezca, no hubo que lamentar ninguna víctima en el pueblo. Todos nos habíamos puesto a salvo, los viejos pescadores nos avisaron a tiempo.

Los días posteriores llegaron a la playa las víctimas de la tormenta: troncos, cadáveres de pájaros marinos, caracolas enormes, tablas de madera, conchas raras… ¿Eran los tesoros que el mar ofrecía en desagravio por el mal causado o se limitaba a devolver lo que no era suyo? Una mañana llegó a la playa una bandera francesa. Entonces los marineros recordaron el yate de antes de la tormenta que nadie había vuelto a ver. Se avisó a los pueblos cercanos. Nada. ¿Se había hundido por la tormenta o había sido secuestrado por fantasmas o demonios? No apareció nada más, ni el barco ni los tripulantes. Así fue como empezó la leyenda del yate fantasma, de la que todo el pueblo hablaba aquellos días.

Mi amigo me contó la historia del yate y decidió que debíamos ir a buscar restos del naufragio.

—Hay un acantilado que tiene una bajada escondida y difícil hasta el mar. Casi nadie la conoce... Vamos a ir allí, así podremos verlo todo de cerca. ¿Te imaginas que encontramos el yate fantasma?

—¿No crees que lo habrían visto ya los marineros? —respondí escéptico.

—El acantilado está justo en un punto donde la costa hace una pequeña entrada. En esa zona hay mucha corriente y enormes rocas, por lo que los pescadores nunca se arriesgan a pasar cerca. Quizá las corrientes hayan llevado el yate hasta allí.

—Eso es una gilipollez. La costa es enorme. ¿Por qué iba a estar justo allí?

—Porque aún no lo han encontrado y allí nadie lo ha buscado. Desde un barco es demasiado peligroso y la bajada a pie no la conoce casi nadie. En invierno las corrientes se llevan la arena de la playa, solo quedan las rocas y unos guijarros. Sin embargo, cuando la marea esta baja, y solo en verano, queda una minúscula playa. Es una playa virgen preciosa, nos daremos un baño en un sitio increíble. ¿No te apetece conocer una playa nueva?

Seducido y alentado por la oportunidad de descubrir un lugar escondido en aquella costa que creía conocer tan bien, finalmente acepté, pero sin ningún convencimiento de encontrar el yate.

Planeamos la excursión para el día siguiente, calculando la hora de salida para llegar a la playa en la bajamar. Mi amigo estaba entusiasmado, con su habitual alegría y determinación. Yo estaba inquieto.

Subimos en bici hasta donde acababa la única carreterucha que había. Cuando se dirigió al caminito de piedras que yo sabía que terminaba en la casa de Sombra Oscura, me alarmé. No solíamos acercarnos a esa zona porque aquella casa, con su amenazante cartel, daba miedo. En aquella ocasión, tras haberle robado recientemente los cangrejos de las nasas, me entró pavor.

—¿Qué coño hacemos aquí? —pregunté aterrado—. No estarás planeando ninguna jugada de las tuyas... No me hace ninguna gracia.

—No seas miedica —respondió riendo—. Te prometo que no tengo pensado nada gracioso contra Sombra Oscura. Se trata solo de bajar a la playa. La bajada empieza en el acantilado de detrás de su casa. Es una coincidencia. ¿Qué quieres que le haga? ¿Muevo el acantilado? Además, no sabe lo de sus nasas, no tiene nada contra nosotros.

No quise hablar más del tema, ya estábamos cerca de la casa y nos podía oír. Me limité a caminar rápido, atento a cualquier ruido.

Rodeamos la casa y llegamos a un húmedo bosque de eucaliptos. Al final de la arboleda nos cerraba el paso una maraña de tojos de más de dos metros de altura, la última barrera antes del acantilado. Atravesarla era imposible, eran arbustos enormes, llenos de espinas, tan juntos unos a otros que suponían una pared infranqueable. No parecía haber ninguna manera de pasar, pero entre el laberinto de tojos había una especie de sendero escondido, serpenteante y estrecho, que permitía atravesarlo. Mi amigo me guió detrás de una determinada roca, el camino empezaba justo allí. No parecía realmente un sendero, solo una pequeña entrada sin ninguna salida posterior. Me asusté.

—¿Dónde me llevas? Esto no parece tener salida.

—Deja de poner pegas. Tiene salida. Ya he ido otras veces. Se conserva de un año para otro, parece una ruta de paso de animales salvajes.

—¿Cómo conoces tú este camino?

Una sonrisa fue su única y enigmática respuesta.

Atravesamos el laberinto de tojos. Realmente era posible hacerlo, pero no sin llenarnos las piernas y los brazos de arañazos. Era el peaje que había que pagar para llegar a lo desconocido. Una vez que salimos del sendero, marcó ese punto con una bolsa de plástico amarrada a un tojo.

—En el otro lado me guío por la roca, pero aquí no hay nada. Cuando regresas y subes desde el fondo del acantilado no es posible distinguir la entrada. Por eso lo marco siempre con una bolsa de plástico...

Ni siquiera tras superar la barrera de tojos estaba todo hecho. Había que bajar una pronunciada pendiente, serpenteando entre rocas durante casi una hora. Por allí bajábamos, despacio, con cuidado de no resbalar. Un pequeño traspié y habríamos rodado hasta el fondo del acantilado.

Cuando por fin llegamos abajo, estábamos sudorosos y agotados. Había una pequeña zona con arena, rodeada por enormes rocas, donde dejamos nuestras mochilas. Nos quitamos las camisetas y los tenis, y nos fuimos directos al agua. Entramos con cuidado, las olas rompían con fuerza en la orilla. Las heridas de los tojos picaban con el agua salada, pero nos zambullimos contentos en la mar helada.

—Ten cuidado —me advirtió—. La marea está bajando y ahora tira hacia afuera. Aquí las corrientes son muy fuertes, no te metas mucho.

—No te preocupes, ya me he dado cuenta.

Cuando terminamos de bañarnos, nos tumbamos en la arena para entrar en calor. Sacamos los bocadillos y las cantimploras de agua, y dimos buena cuenta de todo en unos pocos minutos. Usamos nuestras mochilas como almohadas para estar más cómodos. Con el calor del sol y la tripa llena, nos quedamos dormidos rápidamente.

Despertamos empapados en sudor. Bebimos un poco de agua y nos dirigimos al mar. Tuvimos que dar un pequeño paseo hasta la orilla, la marea había bajado más y la playa había aumentado de tamaño. Al llegar al mar, vimos un palo que salía del agua en una de las esquinas de la playa. Era en la zona donde estaban las rocas más grandes. Apenas sobresalía de la superficie, pero se veía claramente.

—¡Es el mástil de un barco! —gritó—. ¡Hemos encontrado el yate fantasma!

Miré con detenimiento, despistándome un instante, y ya se estaba dirigiendo hacia la parte de la playa más cercana a aquel mástil.

—Sígueme, desde aquí lo veremos mejor —me gritó mientras escalaba una gran roca que había en la playa.

Subimos a la roca y no se veía nada. El mar rompía con fuerza. La espuma y el agua revuelta no dejaban ver lo que había debajo.

—Hay que acercarse y ver lo que hay.

—¡Estás loco! Es imposible meterse ahí. Si te metes te ahogarás. Las olas te estamparán contra las rocas. Tú mismo me has avisado de cómo es la corriente aquí.

—No te preocupes. Soy buen nadador. Además, vamos a hacer una cosa: me voy a atar este cabo a la cintura —añadió sacando una larga cuerda enrollada.

—¿Qué haces con eso en la mochila?

—Lo había traído para ver si conseguíamos unos percebes. Pensaba descolgarme desde aquellas rocas para poder alcanzarlos, en esa zona hay bastantes.

—¡No jodas! ¡Tú estás pirado!

—Por eso no te había dicho nada, para no oír tus lloriqueos de nena.

—Pues incluso eso me parece mejor idea que lo de atarte para nadar… Y no lloriqueo, simplemente aprecio mi vida.

—Lo que tú digas, pero lo voy a hacer, con tu ayuda o sin ella.

Se empezó a atar el cabo. Yo lo observaba callado, pensando en las posibilidades que tendría si el asunto se complicaba. Sabía que no lo iba a convencer de que no lo hiciera, así que debía asegurarme de que todo fuera lo menos peligroso posible. Comprobé su nudo, era un buen nudo de marinero, no se iba a soltar. Atamos el otro extremo a una roca muy cercana al mar, otro buen nudo. Lo miré a la cara: su rostro mostraba una firme determinación, parecía seguro y concentrado.

—Nos vemos al otro lado —se despidió muy serio.

—No seas gilipollas. No tiene gracia.

Me dio la cuerda enrollada y se metió en el agua riendo. La suerte estaba echada.

Sus brazadas eran elegantes, profesionales. Sacaba la cabeza cada poco para comprobar que seguía la dirección correcta. La distancia era corta, pero corregía el rumbo constantemente, la corriente era muy fuerte. Yo intentaba ayudarle, desenrollando rápidamente según avanzaba. Finalmente llegó al mástil y se agarró para descansar. La postura era muy incómoda: las olas subían y bajaban con fuerza; el cabo, tensado por la corriente, tiraba de él.

De repente lo dejé de ver.

Ni rastro. Solo olas y espuma.

Una inmensa angustia se apoderó de mí.

Capítulo 6. El viaje

Estaba tomándome unas cervezas con Antonio, el conserje de la Casa Internacional. Sentados en el amplio salón de aquella residencia, charlábamos animadamente. Era un tipo muy gordo, moreno y con bigote; tenía el aspecto y la cara del típico estereotipo mexicano, el que saldría en cualquier anuncio. Era un bromista, le gustaba tomarme el pelo: me enseñaba albures y se reía de mí porque no los comprendía. El bueno de Antonio trabajaba de conserje por la noche y de chófer durante el día y los fines de semana. No tenía carnet de conducir, pero, como él decía, llevaba manejando su carro desde los trece años. La verdad es que aquel viejo coche abollado y descolorido parecía siempre a punto de reventar.

Mi amigo apareció y, al ver que estábamos bebiendo, se fue a por más cervezas. No sabía nada de él desde la noche que habíamos salido juntos. Tampoco había sabido nada de Zule ni de su novio, llevaba varios días sin apenas salir de la Casa Internacional.

Cuando llegó con las cervezas, nos sentamos a platicar y lo primero que me preguntó fue por la mexicana. No quise hablarles de lo que me había ocurrido y saqué el asunto del peyote para cambiar de tema, a mi amigo le gustaban muchísimo ese tipo de cosas.

49

Entonces le contamos a Antonio lo que nos había dicho aquel loco.

—El Hombre del Peyote me llamó enfermo, es algo muy grande. Que un enfermo mental, porque a ese tipo se le había ido la olla totalmente, me llame enfermo es algo muy gracioso. Lo apunto al nivel de cuando el Pirulo me llamó loco. Te acuerdas de la charla con el Pirulo, ¿verdad? Parece que los locos me tienen bien calado —dijo riendo.

—¿Cómo no me voy a acordar? —respondí angustiado al recordar los fantasmas de mi infancia.

—He terminado mis negocios y tengo casi un mes de vacaciones. Lo tengo claro —declaró muy convencido y solemne—: me voy a San Antonio de Coronados, a Real de Catorce. Quiero hacer un viaje por México y ese va a ser mi primer destino. ¿Te apuntas?

Me pareció una idea genial. Alejarme de Zule y de su novio era la mejor manera de evitar problemas. Viajar era la oportunidad de escapar y dejar pasar un tiempo para que todo se calmara. Además, era perfecto porque estaba de vacaciones de agosto y me apetecía conocer el país. Mejor imposible.

—¡Claro que me apunto!

—Puedo acercarlos a Real de Catorce —se ofreció Antonio—. Este sábado tengo que ir allí…

—Aceptamos —respondió rápidamente mi amigo—. Viajaremos juntos para ir a probar el peyote.

—Yo los llevo, pero deben tener cuidado con el peyote, ya ven que hay mucha gente que pierde la cabeza…

—Pásame otra chela y brindemos —ordenó mi amigo riendo.

—¡Por el pinche viaje! —brindamos los tres con alegría.

Así quedó definitivamente programado.

Sin ese viaje todo habría sido muy distinto y mi amigo aún estaría vivo.

Maldito viaje.

Todo empezó mal desde el principio.

Antonio nos dijo que el viaje debía retrasarse por una pelea de gallos clandestina. Participaban los gallos de su compadre y no podía faltar, así que nos invitó a acompañarlo. El plan era ir juntos a la pelea y luego salir directamente hacia Real de Catorce. Mi amigo estaba entusiasmado.

Nos acercamos al patio trasero de la casa donde se iban a celebrar las peleas. Ya estaba todo preparado cuando llegamos. Aunque era un lugar muy cutre, un tipo con una descomunal obesidad mórbida nos cobró unos pesos por dejarnos entrar.

—¿Cobran entrada en este sitio? —pregunté sorprendido.

—No, güey. Es un fondo para *mordidas*, para pagar a la policía y que no se acerquen por aquí. Es para asegurarnos de que se ocupan de otros asuntos esta mañana. Hay mucha delincuencia en esta ciudad, ya sabes —bromeó Antonio haciéndome un guiño.

Nada más entrar, todos los presentes se nos quedaron mirando. Éramos los últimos en llegar y llamábamos la atención. Rodeados por aquella gente con sombreros vaqueros y botas de charros, todos con enormes bigotes, mi amigo y yo parecíamos médicos en una mina. Los asistentes no parecían precisamente peluqueros caninos ni decoradores de interiores. Eran rufianes, ladrones, bandidos y narcos, lo mejor de cada casa, la élite de los bajos fondos. Precisamente el compadre de Antonio, dueño de algunos de los gallos que iban a pelear, había estado en la cárcel. Respondía al curioso nombre de Pequeño Al, aunque no era pequeño ni creo que se llamara Al. Tenía los brazos llenos de tatuajes descoloridos y la cara toda picada. Cuando me estrechó la mano, la mía quedó perdida en la suya como un pez en un lago. La presión fue tan brutal que sentí cómo crujían mis huesos y a duras penas logré disimular el dolor. Mientras tanto, en el centro del patio se hizo un círculo para las peleas.

A los gallos les ponen afiladísimas cuchillas en los espolones para que la pelea sea a muerte. Dura solo unos segundos. Los *entrenadores* los acercan para que se encaren, se alejan un metro y los sueltan. Los gallos salen disparados uno contra el otro y solo se ve un choque, un aleteo de plumas. A continuación, al menos uno cae al suelo. Cuando lo levantan, tiene un tajo enorme del que sale abundante sangre. Si el animal no ha muerto, el *entrenador* sorbe del pico los restos de sangre y mucus acumulados para que pueda respirar. Escupe al suelo esa asquerosa mezcla y, si el gallo puede, vuelta a empezar. Muchas veces el ganador queda tan destrozado que también termina muriendo.

La gente apostaba en cada pelea. Nosotros, asesorados por Antonio, fuimos apostando y perdiendo dinero. Cuando ya solo quedaban los últimos gallos por pelear, Antonio y Pequeño Al se apartaron un poco del grupo para hablar.

Antonio vino y nos dijo que apostáramos todo nuestro dinero al gallo contrario. Miré a mi amigo, que asintió con la cabeza. Lo que pasó a continuación fue tan rápido que lo recuerdo como fogonazos en mi memoria: apostamos, los gallos se enzarzaron, el nuestro cayó con un tajo enorme en el cuello, Pequeño Al comprobó que estaba muerto y le quitó rápidamente las cuchillas, recogí todo el dinero que habíamos ganado, la gente empezó a murmurar, empezaron los insultos y empujones, Antonio y su compadre nos sacaron del círculo que se estaba formando en torno a nosotros, salimos del local, dimos la vuelta a la esquina, empezamos a correr, llegamos al viejo coche de Antonio, subimos, un tipo metió una enorme maleta en el maletero y Antonio me ordenó que le diera todo el dinero que habíamos ganado, dudé un segundo y me gritó.

—¡Dáselo ya! ¡Ahorita!

Le di el dinero a través de la ventanilla y salimos tan rápido que las ruedas chirriaron en el asfalto.

Antes de que pudiera asimilar lo ocurrido, nuestro coche derrapaba ya por las estrechas calles de aquel barrio. Los bruscos giros nos desplazaban lateralmente, zarandeándonos cual muñecos. Antonio estaba absolutamente concentrado en la conducción, los demás también permanecíamos mudos. El ambiente era muy tenso dentro de aquel coche y yo estaba bloqueado, desconcertado. Llegamos a calles más amplias, con más tráfico, y aminoramos la marcha hasta alcanzar una velocidad casi normal. Mi perplejidad empezó a disiparse y su lugar fue ocupado por el terror. «¡Dios mío! —pensé horrorizado—. ¿Qué hemos hecho?». Al comprender la magnitud del lío en el que nos había metido Antonio, el miedo empezó a ser desplazado por la ira.

—¿Qué coño es esto? ¿En qué mierda nos has metido, hijo de puta?

No me respondió. Desde el asiento trasero me asomé al retrovisor central para ver su cara. Noté que rápidamente apartaba la mirada, eso me envalentonó y empecé a gritarle mientras golpeaba su asiento.

—¿Ni siquiera me miras, hijo de puta? ¿En qué estabas pensando cuando nos llevaste allí? ¡Cabrón de mierda!

Pequeño Al se giró hacia atrás, me miró directamente a los ojos y me habló muy lentamente.

—Estate quieto y cierra tu pinche boca, o te mato.

Me quedé callado. La iracunda mirada de aquel delincuente me acojonó, ese tipo parecía capaz de todo. Miré a mi amigo, estaba sonriente y parecía tranquilo. Me hizo un leve gesto para que lo dejara estar, un gesto muy típico suyo, el que se hace cuando se trata de un detalle sin importancia. Mientras lo hacía, empezó a hablar.

—Os voy a contar una historia que resulta muy apropiada para esta situación. Muestra, exactamente, lo que pretendo deciros.

Todos permanecimos expectantes.

—Conocí a un tipo en Austin, Texas, que era campeón de lanzamiento de hueso de aceituna. Ese tipo tenía un don: era capaz de escupir el hueso de una

54

aceituna a una distancia impresionante. Era tan bueno que logró ganar el campeonato mundial durante cinco años consecutivos, algo realmente inaudito en ese tipo de competiciones. Los españoles tenemos una gran tradición de lanzamiento de aceitunas, no en vano tenemos los mejores olivos del mundo; los italianos tienen una larga tradición de olivares y aceitunas, y, por supuesto, los griegos son aceituneros desde hace siglos. Pues ese tipo, ese jodido tipo de Austin, Texas, fue capaz de ensombrecer a los mejores especialistas de todos esos países mediterráneos durante todo un lustro. Ganó a gente que nace con una aceituna debajo de la almohada, como quien dice. Su truco, aparte de la capacidad pulmonar, era el largo tamaño de su lengua. Era capaz de plegarla, a modo de fuelle, para luego propulsar el hueso de aceituna a una distancia inalcanzable para el resto de los mortales. De hecho, su apodo era *Lengua de Serpiente*. Al lograr el que sería su quinto y último título, decidió comprarse una serpiente con el dinero que había ganado. La razón solo él la sabe. Quizá quería un recuerdo bonito y agradable que le hiciera compañía, quizá quiso remarcar e idealizar su apodo. El caso es que compró una de esas anacondas enormes, un bicho de un tamaño totalmente descomunal. Pues bien, un día la serpiente se escapó del gigantesco terrario donde la guardaba, salió a la calle y se comió a un niño pequeño que estaba jugando en el jardín de su casa. Tuvieron que sacrificar a la serpiente y abrirla en canal para sacar al niño muerto de dentro. ¿Sabéis cuál es la moraleja de esta jodida historia? ¿Qué intento deciros? ¿Qué debemos aprender de todo esto? Que en esta vida unas veces te toca ser anaconda y otras veces te toca ser niño, pero nunca debes visitar el pinche Texas si no tienes una buena razón para ello.

Lo miré incrédulo. Antonio y Pequeño Al se miraron entre ellos durante un segundo y empezaron a reír a carcajadas.

—No, en serio, aquel tipo se la vendió luego a un restaurante de comida exótica. Dicen que esos animales son afrodisíacos. La gente está muy mal, pero que muy mal.

No podían parar de reír. Era una risa infantil y nerviosa, irrefrenable después de la tensión acumulada. Las lágrimas se les saltaban, estaban congestionados y ninguno podía parar. Muy al contrario, las carcajadas del uno alentaban al otro, en un círculo vicioso sin fin. Al final lograron que incluso yo sonriera.

Cuando terminaron las risas, la tensión se había disipado. Todos parecían de buen humor, todos menos yo. Habíamos timado a unos delincuentes, tipos de mala calaña. Esa gente no se iba a resignar así como así, no parecían de ese tipo de personas. Nos buscarían, nos atraparían y nos matarían. Recordé que Antonio había comentado que yo estaba viviendo en la Casa Internacional. No les resultaría difícil encontrarme, guardaba allí todas mis pertenencias y tendría que volver a por ellas. Allí tenían mis datos y los de mi familia en España ¡Por Dios bendito! ¿Qué iba a pasar? Estaba aterrado.

Mi amigo, poniendo cara de pícaro risueño, interrumpió mis pensamientos.

—¿Me vais a explicar cuál ha sido el truco? ¿Cómo hicimos para perder la pelea? Fue algo relacionado con las cuchillas, ¿verdad?

Antonio y su compadre se miraron cómplices y sonrieron. Habló Antonio.

—Es simple. Si le atas la cuchilla más arriba de lo normal, los golpes con el espolón pierden fuerza y precisión. Es muy menso, de puro simple. Lo que pasa es que hay que saber hacerlo bien para que no se note, y mi compadre, esta vez, no estuvo fino.

El otro pareció enfadarse.

—¡No seas pendejo! Mi gallo era tan bueno que si no se las subía mucho, iba a ganar de todos modos. No se notó, güey. El gachupín no pudo verlo.

—Realmente no lo vi —intervino mi amigo—. Únicamente noté que le quitaba las cuchillas muy rápido y eso me hizo sospechar que pasaba algo. Nada más.

Yo seguía atentamente la conversación, pero no participaba. Estaba demasiado angustiado y triste. ¿Qué importaba ahora lo de las cuchillas? Me limité a preguntarle a Antonio lo que más me cabreaba.

—¿Nos has metido aposta en todo este lío? Te consideraba un amigo...

—¡No, güey, ni modo! Creí que íbamos a ganar la plata de una forma mucho más fácil, pero todo se fue torciendo y necesitábamos ese dinero. Es la neta. De otro modo estaríamos en líos todavía mayores. En esta vida hay que improvisar, güerito, agarrarla como venga. Te apendejas y te entierran, nomás. No te agüites, todo salió a toda madre. No chilles como vieja.

—¿Que no chille? Esa gente sabe dónde vivo y dónde encontrarme. ¡Pueden encontrar incluso los datos de mi familia en España! ¿Que improvise y que no chille? ¿Después de la que habéis liado?

—No te agüites tanto. También saben dónde trabajo yo y dónde vive mi familia. Los untaremos con un poco de plata. Cuando termine este viaje no nos va a faltar...

—O con algo de plomo —añadió, animoso, el compadre.

Ambos se rieron.

—Vamos a sacar mucha plata, devolveré todo el dinero. No manches, güey, la vida nos sonríe, estamos vivos y vamos a ser ricos. ¿Qué más se puede pedir?

Negué con la cabeza y quedé cabizbajo. Con esos gilipollas descerebrados no había nada que hacer. *No hay de qué preocuparse.* ¡No te jode! Habíamos timado a un grupo de delincuentes y teníamos algo sospechoso guardado dentro del maletero.

El viaje se me hizo eterno. Mi amigo dormía plácidamente y Antonio iba hablando y bromeando con Pequeño Al. Yo iba sentado atrás, asustado, intentando animarme. Me intentaba convencer de que no habría problemas, pero no lo lograba.

Ya era casi de noche cuando llegamos. El cielo empezaba a plagarse de estrellas y la gélida oscuridad nos envolvía lentamente sin que ninguna luz cercana opusiera resistencia. Antonio parecía conocer bien el camino, avanzaba a buena velocidad por aquella pista que se iba difuminando. Salió de la ruta principal por un desvío perpendicular y avanzó hasta detenerse delante de la solitaria casucha que había sobre un promontorio. Se intuía Real de Catorce en la lejanía. Aquellas cuatro paredes sucias y desconchadas daban al lugar un aspecto fantasmagórico. Su evidente estado de abandono hacía suponer que estaba deshabitada desde hacía bastante tiempo.

Antonio hizo brillar furtivamente las luces de su viejo coche con un par de ráfagas. Desde dentro de la casa contestaron de igual forma. Una vez recibida la señal, apagó el contacto. El ventilador del motor aún ronroneó un rato antes de detenerse y dejarnos en un silencio sobrecogedor que lo inundaba todo. Pequeño Al bajó del coche. Sus pasos sonaron torpes y lentos sobre la grava del suelo, tenía las piernas aún adormiladas tras el largo trayecto. Fue hasta la parte trasera del auto. Una vez allí, pudimos oír perfectamente el sonido del encendedor y el par de profundas caladas que le dio al cigarro antes de abrir el maletero. Con la maleta en una mano y el pitillo en la otra, se dirigió hacia la casa caminando de una forma que me pareció deliberadamente pausada. Cuando llegó a la puerta, esperó sin llamar.

De pronto se oyó un ruido seco, más tarde supe que es el que se produce al disparar un arma con silenciador. Durante un breve instante no pasó nada y el compadre de Antonio permaneció de pie unos segundos antes de desmoronarse. Después cayó muerto como una marioneta a la que le han cortado las cuerdas.

59

Capítulo 7. Problemas

Estábamos solos en aquella playa perdida a los pies del acantilado y había dejado de ver a mi amigo. Se había metido en el mar para descubrir lo que había en el yate fantasma y había desaparecido. Ahora él también era un fantasma. Tiré del cabo que llevaba atado y vi que seguía igual de tenso. Al menos no había desaparecido del todo, los fantasmas no pesan. Pasado un rato, lo vi salir a la superficie y sentí un gran alivio. Gesticulaba, intentaba decirme algo, pero no logré entenderle. Parecía estar manipulando la cuerda. De pronto noté que perdía tensión. ¡Se había desatado! Me miró, tomó aire y se sumergió al lado del mástil. Me quedé muy asustado y empecé a recoger rápidamente el cabo. Lo hacía mecánicamente, sin prestar atención, mientras mi mirada permanecía fija en el mástil del yate hundido, en el punto donde se había metido a bucear. Al cabo de un buen rato, cuando ya lo tenía totalmente recogido, salió del agua. Tardé en localizarlo porque apareció bastante alejado de donde se había sumergido. Entonces le grité haciendo gestos para que volviera a la orilla, pero no me oyó, no me entendió o no quiso hacerme caso. Para mi desesperación, en vez de salir repitió la operación unas cuantas veces más. Era angustioso:

cuando creía que era la última, se volvía a meter bajo el agua. Eso sí, las inmersiones iban siendo cada vez más cortas y el tiempo que pasaba recobrando el aliento aumentaba tras cada intento. Finalmente noté que lo daba por terminado. Me hizo un gesto y empezó a nadar hacia mí. Primero lo intentó con estilo y no avanzaba; luego lo intentó con menos estilo, pero con más fuerza. Tampoco funcionó. Intentaba nadar hacia la orilla y no lo lograba, había demasiada corriente y ya no tenía las mismas fuerzas que al principio.

Miré con impotencia al largo cabo que reposaba enrollado en grandes círculos sobre mi brazo, luego volví la cabeza hacia mi inconsciente amigo. El esfuerzo realizado en las inmersiones lo había debilitado mucho. La corriente era muy fuerte y no era capaz de vencerla. Trataba de contrarrestar su efecto nadando con todas sus fuerzas, pero lo único que conseguía era mantenerse quieto, sin retroceder.

—¡Maldita sea! —grité.

Rápidamente me até la cuerda a la cintura, comprobé que seguía firmemente atada a la roca y me tiré al agua. Tenía que rescatarlo antes de que la corriente lo alejara.

Nadar con un cabo atado no es nada fácil. En cuanto la corriente lo tensa, tira de ti una barbaridad. Yo no era un buen nadador, pero me estaba defendiendo bastante bien. Estaba descansado y nadaba con un brío extraordinario, el miedo a perder a mi amigo me daba fuerzas. Además, me había sumergido un poco más allá de donde él estaba, de forma que la corriente me ayudaba un poco. Fui avanzando con esfuerzo hasta que finalmente, tras mucho bracear, llegué hasta él.

—¡Agárrate a mis pies! —grité exhausto mientras agarraba la cuerda con las manos y me ponía boca arriba.

De esta peculiar manera logramos acercarnos a la orilla, pero no fue fácil. No podía mover las piernas, él estaba agarrado a ellas; tampoco podía mover los brazos para nadar, los tenía ocupados en tirar del cabo. Tragué mucha agua.

Cuando por fin llegamos a la orilla, estábamos mareados por el esfuerzo. Gateamos hasta la arena y nos quedamos allí tumbados. Respirábamos con tal fuerza que nuestras costillas y estómagos eran un acordeón en pleno concierto. El corazón parecía que se nos iba a salir del pecho.

Pasaron varios minutos hasta que pudimos levantarnos. Lo primero que hice fue quitarme la cuerda, me había hecho una profunda rozadura. Miré a mi amigo y presentaba la misma herida.

—La marca de los piratas —presumió sonriendo.

—¡Eres un capullo! Casi nos ahogamos —protesté enfadado—. No me vengas con chorradas.

—Me has salvado, si no es por ti aparezco en Irlanda.

—¿Para qué cojones crees que te atamos?

—¡Qué mal hablado, qué barbaridad! Te voy a tener que lavar la boca con jabón —me regañó con sorna.

—¡Gi-li-po-llas! ¿Me has entendido? Eres un gilipollas. Casi nos ahogamos por tus bobadas. ¡A ver si dejas de hacer el idiota! —grité enojado.

—Tenía que soltarlo, no me permitía llegar al fondo buceando. No podía ver lo que había dentro del barco.

—Pues entonces te das la vuelta y buscamos otra manera de hacerlo. ¡No se le ocurre a nadie soltar el puto cabo!

—No había otra manera.

Estaba enfadado y no quería discutir con él. Sabía que era un trabajo perdido, o se reía de ti o te iba llevando hábilmente a su terreno. Guardé silencio, me di la vuelta y miré hacia otro lado, dándole la espalda. Maldito amigo y maldito yate fantasma.

Me dejó tranquilo un par de minutos, luego se levantó y se puso justo enfrente de mí. Empezó a caminar de una forma totalmente ridícula, sacando culo y doblando las piernas. Yo me giré para no verlo, pero él repitió la operación hasta ponerse de nuevo en mi campo de visión y volvió a caminar de esa peculiar manera.

—¡El baile del camello sin torcer el cuello! —gritaba repetidamente mientras seguía con sus graciosos andares.

Intenté reprimir la risa, manteniéndome serio. No quería perdonarle tan rápido, pero algo debí de expresar porque él se creció.

—¿Te cuento lo que he visto allí? ¡Una pasada!

No pude resistirme más.

—A veeeer... ¿Qué has viiiisto? —concedí con un amago de sonrisa.

—Vamos a empezar a subir, se va a hacer tarde y no es buena idea quedarnos aquí con poca luz. Te lo voy contando todo por el camino.

Muy típico de mi amigo. Después de conseguir llamar mi atención, hacía siempre lo mismo. ¡Le encantaba hacerse el interesante! Luego, cuando empezaba a contarte la historia, en vez de anticiparte un breve titular, un resumen, le gustaba contarlo todo muy lentamente, recreándose en los pequeños detalles, incluso saliendo con alguna historia tangencial que nada tenía que ver. Todo para mantener la expectación hasta el final.

Comenzamos la subida con tranquilidad y, por fin, empezó a hablar.

—He visto el yate hundido. Estaba en el fondo, encajado entre varias rocas enormes, por eso se mantiene en posición vertical. Me metí a bucear a ver si podía entrar. Lo malo es que la corriente era fuerte y tenía que hacer bastante esfuerzo para luchar contra ella. Probé a agarrarme del mástil e impulsarme, pero entonces iba más lento. Tras varios intentos, logré por fin llegar al fondo de rocas donde estaba el yate. La trampilla estaba abierta (es extraño que la dejaran abierta, quizá por eso se hundió). Bueno, el caso es que no entré, me daba miedo engancharme en algo y no poder salir. Sin embargo, lo importante no era lo que había dentro del yate, sino fuera.

—¡Ve al grano! —supliqué impaciente.

—No me interrumpas. ¿Quieres que te cuente lo que vi? Vi unos cabos que salían del yate. En su extremo tenían atadas unas bolsas con un montón de plomos...

—¿Qué eran? —interrumpí extrañado.

—Eran fardos plastificados, llenos de droga.

—Estupendo. ¿Me estás diciendo que casi te ahogas por unos fardos de droga? Ahora estoy más tranquilo. Ahora todo tiene sentido —solté con ironía.

—No te pongas así, hombre —dijo mientras reanudaba la subida.

Continuamos ascendiendo por el empinado acantilado y, una vez que llegamos arriba, no logramos ver la bolsa que indicaba la entrada al camino entre los tojos. Me agobié bastante.

—¿Dónde está la bolsa? ¿Seguro que la ataste bien? ¿Se habrá volado?

—La até bien —afirmó extrañado—. Tú no te preocupes, si buscamos con calma seguro que encontramos el sendero igualmente.

Empezamos a buscar, pero no lográbamos dar con la entrada. Los tojos formaban una amplia muralla infranqueable, todo era igual y no encontrábamos ninguna referencia que nos guiara. Estaba anocheciendo y me puse nervioso.

—Está oscureciendo. Vamos a tener que pasar aquí la noche. ¿Saben tus padres, al menos, que veníamos aquí?

—¿Tú tampoco se lo has dicho a tus padres? —preguntó divertido.

—Ahora sí que estamos jodidos —respondí nervioso.

—Deja de lamentarte y vamos a seguir buscando —ordenó risueño—. ¿No quieres pasar la noche en un lugar tan romántico conmigo, cariño?

—No tiene gracia. Estoy harto de tus chorradas. En casa me van a matar...

—Si no te mata antes el acantilado —apuntó con sorna.

—¡Te he dicho que no bromees! ¡Ya está bien!

—Vale, no te agobies. Hasta ahora hemos ido a trompicones y los dos juntos, ahora nos separaremos y repartiremos el trabajo. Vamos a ir metro a metro, con calma, de forma sistemática.

Había que darse prisa, casi no quedaba luz. Intenté tranquilizarme para ser concienzudo, pero no veía la entrada. Empezaba a desesperarme cuando, de pronto, oí su grité.

—¡Lo encontré! ¡Es aquí!

Sentí una auténtica liberación. ¡Estábamos salvados! Corrí hacia el sitio que señalaba, no había tiempo que perder. Salimos del laberinto de tojos y atravesamos el bosque de eucaliptos. Él iba un par de pasos por delante. Estábamos llegando a la altura de la casa de Sombra Oscura, cuando el terrible hombre salió de detrás de un árbol y lo golpeó con una vara de eucalipto. Fue un golpe seco en pleno estómago. Mi pobre amigo cayó al suelo sin aliento. Me quedé inmóvil, aterrado, bloqueado. Sombra Oscura me cerraba el paso con el palo en alto.

68

Capítulo 8. Real de Catorce

Habían disparado a Pequeño Al y nos habíamos quedado inmovilizados por el miedo y la sorpresa. Antonio era incapaz de reaccionar.

—¡Arranca! —gritó mi amigo.

Antonio estaba tan asustado que, al intentar arrancar, caló el coche. De la casa salieron dos tipos apuntándole con sus pistolas.

—Ni te muevas, güey, o te reúnes con tu amigo ahorita mismo.

Se acercaron sin dejar de apuntar. Uno de ellos se puso delante de la ventanilla de Antonio, que estaba abierta, y le ordenó que bajara del coche.

—Pon las manos en la cabeza y arrodíllate.

Al gordo de Antonio le costó alcanzar esa postura, se movió con lentitud y torpeza. Mientras tanto, el otro pistolero se puso frente a mi puerta, apuntándome. Dio un paso más y golpeó suavemente la ventanilla con el silenciador de su pistola, haciéndome gestos para que la bajara. Me quedé paralizado. Entonces volvió a golpear, esta vez más fuerte, y me apuntó directamente al entrecejo. Mi amigo me apartó y bajó la ventanilla.

—¡Salgan y arrodíllense!

69

El viento gélido de la noche hizo que un escalofrío recorriera todo mi cuerpo. Aterido y aterrado, permanecí absolutamente inmóvil. Aquel hombre comenzó a hablarnos de forma pausada y tranquila, mientras bajaba la pistola.

—No quiero matarlos, la policía se tendría que poner a trabajar si desaparecen un par de estudiantes extranjeros. Además, van a tener que hacerme un recadito para que perdone sus pinches vidas. Sin embargo, con el gordo es un asunto diferente, a él sí podemos matarlo.

—Haremos lo que quiera —intervino rápidamente mi amigo—, pero necesitaremos un chófer. Nosotros no sabemos conducir.

—¡No mames! ¿No saben manejar?

Ambos negamos con la cabeza.

—No dispares al gordo. ¡Pinches gachupines! ¡Buenos para nada!

—No está gordo, solo retiene líquidos —replicó mi amigo muy serio.

Ambos pistoleros soltaron una breve carcajada.

—Bueno, dejémonos de pendejadas y entremos.

Tras cachearnos y quitarnos nuestros pasaportes, nos llevaron hacia la casa. Pasamos junto a Pequeño Al. Estaba muerto, tirado frente a la puerta. Intenté apartar los ojos y no pude, tenía una gran mancha de sangre alrededor de la cabeza. Al pasar oímos un nuevo impacto seco y nos dimos la vuelta sobresaltados. El que iba tras nosotros había vuelto a disparar al muerto.

—Por si acaso —dijo muy serio—. No le doy la espalda ni a mi mamá.

—Mejor así —respondió el otro mientras recogía la maleta caída al lado del cuerpo inerte.

Entramos en una habitación espaciosa. Lo único que había era un sillón, desvencijado y sucio, pegado a una pared. Nos hicieron un gesto para que nos sentáramos en él. Apretados y con los muelles rotos clavándose en nuestras espaldas, esperamos cabizbajos. Ellos permanecieron de pie, con las pistolas en las manos. El que había entrado el último, que parecía el jefe, empezó a hablar.

—Somos hombres de negocios. Nuestros negocios se basan en la economía capitalista de libre mercado. Nosotros tenemos algo que ofrecerles y ustedes tienen algo que ofrecernos. La ley de la oferta y la demanda. Nosotros les ofrecemos algo inmensamente valioso: les ofrecemos vida. No hay nada más valioso, la vida es un recipiente que se puede llenar con cualquier cosa. De ustedes demandamos un instrumento muy poderoso: dinero. Por lo tanto, ustedes nos ofrecen también algo muy valioso: nos ofrecen oportunidades. Quizá piensen que la plata es algo mundano y sucio comparado con la vida, pero también hay vidas mundanas y sucias. Yo les he ofrecido un cuenco vacío, lo pueden llenar con cualquier cosa, no los juzgo. Ustedes me dan un instrumento poderoso que puedo usar para cualquier fin, no me juzguen. Podemos hablar de vida y esta será una negociación de vida. Podemos hablar de muerte y esta será una negociación de muerte. He venido a ofrecerles vida. ¿Qué me dicen?

Me quedé mirándole anonadado.

—Queremos vida —respondió mi amigo.

—Muy bien. Nos estamos entendiendo. Ahorita voy a enseñar mis cartas. Perdonen si hablo despacio, como si fuera con gente de poca capacidad, de poca inteligencia; es mi forma de dirigirme a los pendejos. Después del numerito de la pelea de gallos no se merecen otra cosa. ¿Creían que no me iba a llegar esa información? ¿Que no la iba a aprovechar? En vista de lo que ha pasado, parece que no lo pensaron, así que solo los trato con arreglo al cociente intelectual que han demostrado. En fin, continúo, no quiero que pierdan el hilo. Mis cartas son las siguientes: tengo las direcciones de sus casas y sus familias porque tengo los pasaportes de los gachupines y la dirección del gordo; así que les voy a encomendar un trabajo fácil. Tienen que ir al norte, a la ciudad de Monclova, en el estado de Coahuila. Una vez en Monclova, se dirigirán a la iglesia de Santiago Apóstol (una iglesia bien chida, por cierto). Allí deberán ponerse en contacto con Pancho el Tarahumara. No les voy a contar lo que han de hacer después para que no se amontone todo en su cabeza. Concéntrense en manejar hasta allí. Hoy es domingo y deben presentarse el domingo que viene. Tienen justo una semana, tiempo de sobra. No voy a ir con ustedes, me gusta confiar en las personas. Si se pierden, si se pasan de listos, los encontraré, aunque tenga que ir a España a buscarlos. Los mataré, mataré a sus papás, a sus mamás, a sus hermanitos... Incluso mataré a sus pinches perros. Recuerden, memoricen: Monclova, iglesia de Santiago Apóstol, Pancho el Tarahumara. Al ponerse en contacto con Pancho habrán cumplido con respecto a mi persona.

Además, claro, de la bolsa de droga que me han traído y me regalan. Cuando terminen el trabajo que Pancho les encomiende, habrán cumplido con respecto a la gente a la que han robado en la pelea de gallos. ¿Todo clarito? ¿Alguna pregunta?

No respondimos.

—¡¿Todo claro?! ¡¿Alguna pinche pregunta?!

—Todo claro —respondió mi amigo—. Monclova, iglesia de Santiago Apóstol, Pancho el Tarahumara.

—Los subestimé. Son pinches genios memorizando. Qué barbaridad, qué capacidad retentiva, güey. Me inclino ante ustedes —ironizó mientras copiaba la dirección de los pasaportes.

Nos los devolvió y añadió:

—Si alguien les preguntara, lo tienen fácil: nunca han estado en esta casa, nunca nos han visto. ¿Está claro?

Asentimos.

—¡Váyanse a la chingada! No quiero volver a verlos, pendejos.

Nos levantamos torpemente y salimos de aquella casa. Apesadumbrados, subimos al coche. Antonio arrancó, esta vez sin problemas.

Miré por la ventanilla del coche mientras nos alejábamos. Allí atrás quedaba la siniestra casa con las dos figuras al lado de la puerta y el muerto a sus pies. Esa es la imagen que permanece en mi memoria.

Mientras miraba a Pequeño Al, pensé en lo cerca que está la vida de la muerte, en cómo se pasa de una a la otra sin aspavientos, sin periodos de transición. La vida se escapa de las manos y no tiene retorno. Es algo tan valioso como fácil de perder. Quizá sea esa fragilidad lo que le da valor.

Cuando salimos de aquella casa yo estaba hundido y triste. Poco a poco la tristeza se convirtió en miedo y este en terror. Antonio también había perdido su habitual despreocupación ante la vida, lo veía abatido y nervioso. Estábamos metidos en un buen lío. Mi amigo había permanecido bastante callado y, para lo que solía ser habitual en él, no había estado muy activo. Aun así, había evitado que mataran a Antonio y había reaccionado rápido cuando me quedé bloqueado sin abrir la ventanilla. Lo malo era que, por lo que recordaba, él era capaz de mucho más. Eso me preocupó. Pensé que quizá habría cambiado con los años, aunque también pensé, y eso me preocupó aún más, que la situación era de tal gravedad que incluso él se veía superado. Quizá lo tenía idolatrado. Al fin y al cabo, no era un superhéroe. Lo único que estaba claro es que, si mi amigo perdía la calma, estábamos jodidos de verdad.

Entonces interrumpió mis pensamientos.

—Dejad de pensar en lagartos muertos.

—¿Cómo?

—Estáis ahí callados, con cara de pánico, pensando en lagartos muertos. Eso no nos ayuda en nada.

—Chinga tu madre, puto. Mi compadre ha muerto. ¿En qué quieres que piense?

—Sí. Tu compadre ha muerto. Eso es un hecho consumado que no debe preocuparte porque ya no tiene solución. Tú estás vivo y eso sí tiene importancia. Hay que conservar la calma. Cuando era pequeño y me entraba el pánico, me enseñaron a pensar en lagartos muertos. Me imaginaba a mí mismo caminando por un enorme palacio de mármol con amplias salas. El frío suelo del palacio estaba tapizado con lagartos muertos, apilados en tal cantidad que llegaban a formar una gruesa capa. Iba pisando sobre ellos y notaba cómo mis pies se hundían en sus cadáveres. Al caminar por encima de sus cuerpos blandos en descomposición, crujían sus costillas con mis pasos. Se oía una especie de sonido: *chop-chop-crunch-chop*. Entonces pensaba que ya no había lagartos muertos y todo se solucionaba. Mis problemas ya no eran tantos y la angustia disminuía.

Lo miré enfadado. No sabía si era peor que fuera verdad lo que contaba o que fuera mentira y tuviera la desfachatez de bromear con algo tan macabro en ese momento. En ambos casos estaba loco, era un perturbado.

Antonio negó con la cabeza. Se mantuvo callado durante unos instantes y murmuró:

—Lagartos muertos, ¿eh? Sale, güey, ya está. ¿En qué quieres que piense ahora?

—Vamos a buscar a doña Toña a San Antonio de Coronados y a probar el peyote.

—¿Tú eres gilipollas? —grité sin poder contenerme—. Solo tenemos una semana para ir a buscar a Pancho el Tarahumara.

—Tú lo has dicho: tenemos una semana. Es demasiado tiempo. Llegar nos va a llevar, como mucho, un par de días. Si llegamos antes nos podemos meter en más líos. Hay que hacer tiempo y la mejor manera es distraernos. Además, tengo preguntas que hacerle a Mezcalito.

Increíblemente, Antonio se puso de su parte. Nada mejor que ir a visitar a alguien conocido en la zona y sin ninguna relación con nuestro asunto. Me quedé solo. No podía hacer nada, así que decidí no discutir ni hablar más con ellos. Simplemente me dejaría llevar y aprovecharía el silencio para meditar. Necesitaba tiempo para aclarar mis ideas y elaborar un buen plan, pero ¿qué plan? No podíamos huir, no podíamos pedir ayuda a nadie y no sabíamos a qué íbamos a enfrentarnos. No había otra opción que esperar. Menudo plan.

Capítulo 9. Lloriqueos

Sombra Oscura acababa de golpear a mi amigo con una vara de eucalipto y me cerraba el paso con el palo en alto.

—*Non ides roubar nunca máis nas miñas nasas. Cago na cona que vos fixo!*

Tardé varios segundos en reaccionar. Una vez que lo hice, escudriñé instintivamente la escena para encontrar una salida y rodear el camino que me cerraba Sombra Oscura. Él leyó mi pensamiento. Sujetó a mi amigo y lo levantó, agarrándolo por la camiseta. El pobre no se resistió, todavía no había recuperado la respiración.

—*Vas deixalo aquí só?*

—¿Está loco? ¡Nosotros no hemos hecho nada! Iré a la policía.

—*Non fixestes nada? Non roubastes nas miñas nasas?*

—¡Eran ilegales!

Traicionado por los nervios y el miedo, cometí un error. Mi amigo siempre decía que cuando te acusen de algo debes negar la mayor. Niégalo todo: no es que no fueras tú, es que ni siquiera estabas allí. Ese pensamiento me vino fugaz a la mente. Pensé, con rabia, que ya era demasiado tarde.

—*Roubastes nas miñas nasas porque eran ilegais? Moi ben, tes razón, eran ilegais! O único malo é que, como non podo denunciarvos, imos resolvelo doutro xeito... Porque xuro que mo ides pagar.*

Entonces le dio otro golpe con la vara de eucalipto. Aprovechando la distracción, me acerqué y agarré el palo para intentar quitárselo, pero era mucho más fuerte que yo. Tiró de la vara que ambos agarrábamos y me vi impulsado hacia él. En cuanto me tuvo cerca, me dio tal bofetada que me lanzó al suelo. Sentí un dolor tremendo. El estallido del bofetón en mi oreja me dejó atontado. Las manos de ese tío eran las de un ogro: enormes y duras. Era como si me hubiese golpeado con una tabla de madera.

Ahora ambos estábamos en el suelo, literalmente a sus pies. Sombra Oscura continuaba con el palo en alto, amenazante, dispuesto a desplomarlo sobre el que se moviera. Yo tenía los ojos acuosos, las lágrimas a punto de salir. La impotencia y el dolor habían derrumbado mi resistencia. Solo la vergüenza de que me viesen llorar me detenía, pero no iba a aguantar mucho más. Quise hablar y me di cuenta de que si lo hacía, lloraría. No sería capaz de aguantar las lágrimas si abría la boca. A punto de llorar, miré al suelo para que no se me notara y permanecí quieto. Ante mi sorpresa, mi amigo se derrumbó. Se puso a lloriquear.

—No nos pegue más, por favor, no nos pegue más —gimoteó—. ¡Me duele mucho! Le pagaremos.

Sombra Oscura se quedó quieto, complacido. A mí se me quitaron las ganas de llorar y me quedé mirándolo con estupor. Ahora estaba orgulloso de mí mismo. Había sido más duro que él. Esta vez yo le estaba dando una lección.

—No nos pegue más, por favor —insistió mi amigo—. Conozco una manera de pagarle.

—*Como, carallo, como?* —preguntó Sombra Oscura sin poder ocultar su codicia.

Y entonces mi amigo le contó lo de los fardos de droga en el yate hundido.

Yo le oía y no me lo podía creer. Lloriqueando, le contó todo lo que habíamos visto ese día. ¡Estaba loco! Cuando terminó de hablar, Sombra Oscura se quedó un breve instante pensando, luego empezó a amenazarnos.

—*Isto é o que imos facer: non ides dicir nada sobre isto a ninguén. Se falades con alguén, comprométome a matarvos. Estarei agardando ata que quededes sós: unha tarde nunha pequena praia ou unha noite de camiño a casa… Vou agardar o mellor momento, xúroo.*

—No. No diremos nada —gimoteó mi amigo—. Se lo juro. No diremos nada. No queremos problemas. Todo este asunto nos da miedo. La policía nos puede detener… Si lo descubren nos meterán en la cárcel. ¡Sería horrible!

Yo, de nuevo, me quedé callado. Su actitud me parecía indigna. Un solo golpe y se había derrumbado como un auténtico gallina. Sombra Oscura se me quedó mirando.

—*E ti que pensas?*

—Lo mismo que yo. No dirá nada —aseguró lloriqueando.

—*Quero escoitar iso tamén do teu bravo amigo. Non vaia ser que teñamos un malentendido.*

No quise repetir las palabras cobardes y complacientes de mi amigo. Con una actitud de dignidad, en la que intenté reflejar más hastío que miedo, me limité a decir:

—No quiero saber nada más de todo esto. No diré nada.

Pareció evaluar mi respuesta durante unos instantes. Finalmente quedó complacido.

—*Ben. Fóra de aquí!*

Nos levantamos torpemente y nos alejamos. En silencio, llegamos hasta donde habíamos dejado las bicis. El muy cabrón había pinchado las ruedas. Noté ira en la mirada de mi amigo, él me había enseñado a detectar estas cosas. «¡A buenas horas!», pensé. Después de cómo se había comportado…

Tuvimos que regresar a casa con las bicis en la mano. En cuanto nos alejamos un poco, fue él quien rompió el silencio.

—¿Qué tal lo he hecho? —preguntó riendo.

—¿Cómo?

—¿Que qué tal lo he hecho?

—¿Qué es lo que has hecho?

—Fingir miedo. Lloriquear.

—No me vengas ahora con que…

Se empezó a reír y a imitar sus sollozos anteriores: «No nos pegué más, por favor. Snif. Snif».

Lo miré fijamente. Era incapaz de saber cuándo mentía y cuándo no.

—«Sería horrible». —¿No te hizo gracia cuando le colé esa expresión?

—¡Coño! —cedí—. ¿Así que todo era una patraña? ¿Has quedado como un llorica y un cobarde para nada? ¿Qué sentido tiene eso? No te creo.

—Tiene mucho sentido. Tengo un plan.

—¡Ni me lo cuentes! Te creo y punto. Ahora sí que te creo, no me lo cuentes, por favor. No quiero más líos, no quiero problemas.

—En esta vida siempre hay problemas. Puedes huir, pero te estarán esperando cuando vuelvas. Si tú te escondes, ellos te encuentran. La única forma de solucionarlos es combatirlos sin miedo, con determinación. Solo si aceptas que tendrás que afrontarlos toda tu vida, luchando día tras día sin descanso, lograrás vivir en paz. Cuando huyes, la gente capta rápidamente tu debilidad y te surgen muchos más problemas. Por cada enfrentamiento que evitas, aparecen tres nuevos

—No me vengas ahora con frases de película de mafiosos...

—No son de mafiosos. Son de mi padre.

Me quedé algo cortado. Quise decir algo, pero lo descarté. No quería ofender a su padre. Mejor callarme la boca.

—Tú has estado muy bien —resaltó.

Me sentí halagado.

—Te he dejado solo y has aguantado como un valiente. Ni lloros ni concesiones.

—Y también te he defendido —añadí—. Me he ganado una buena bofetada por intentar quitarle el palo.

—También es verdad. Recuérdame que un día te enseñe un truco para desarmar a alguien que lleva un palo.

—Ya veo de lo que te ha servido a ti —dije picado.

—Tú tan rápido como siempre —afirmó sonriendo—. El golpe me pilló por sorpresa y no pude usar ningún truco. No te enfades, hombre, solo intentaba ayudarte...

Anocheció. Un cielo muy negro, plagado de estrellas, nos acompañó hasta el pueblo. Era tarde. Llegar a casa a esas horas significaba bronca segura. Después de todo lo acontecido, yo estaba de muy mal humor.

—¿De verdad que no quieres que te cuente mi plan? Es una idea genial. Va a ser muy gracioso.

—No, no quiero, no me apetece —zanjé secamente.

—Vale, vale...

Llegamos al pueblo y nos separamos. Subí a casa y mis padres me regañaron. Era de esperar.

—¿Dónde has estado?

—Por ahí, con la bici. Subimos por la pista y se nos pincharon las ruedas. Se nos hizo tarde intentando arreglarlas. Tuvimos que bajar con las bicis en la mano, eso nos retrasó aún más.

—A la cama sin cenar. Estás castigado sin salir mañana en todo el día.

—Genial —respondí con chulería.

—Doble castigo: no saldrás ni mañana ni pasado. Pensábamos dejarte salir por ser el último día de vacaciones, pero tú te lo has buscado. ¿Algún otro comentario?

Pensé decir algo más, pero desistí, era una guerra perdida. Me di la vuelta y me fui a mi cuarto. Tumbado en la cama, no era capaz de dormirme; rumiaba mi venganza sin parar. Estaba tan rabioso que el mal humor había eclipsado totalmente al cansancio. Me dolía en el orgullo el guantazo de Sombra Oscura, ¡y encima lo de las bicis! Me dieron las tantas de la madrugada recreando en mi mente las imágenes de la paliza que algún día le daría a aquel maldito cabrón. En cuanto fuera mayor, le partiría la cabeza a golpes. Le iban a llover patadas y puñetazos, lo iba a moler a palos...

Lo grandioso es que nada de eso hizo falta. Al verano siguiente me enteré de que su carísimo toro apareció muerto a los pocos días de mi marcha. Estaba tumbado de lado, hinchado como un globo. Al morir su maravilloso toro, Sombra Oscura se puso furioso. Un día después, su casa ardió por completo. Sonaron las campanas de la iglesia tocando a fuego, pero nadie llegó a tiempo. Estaba muy alejada del pueblo y la gente que se acercó lo hizo con mucha calma. Me alegró la noticia, la gente mala se merece que le pasen cosas malas.

Tras estas desgracias, Sombra Oscura desapareció del pueblo. Pasaron los veranos y yo me olvidé de todo aquello, hasta que surgió de nuevo...

Capítulo 10. Doña Toña y el Dragón

No fue complicado dar con el pueblo de San Antonio de Coronados. Tras enfilar la pista que bajaba desde el montañoso Real de Catorce, encontramos fácilmente el lugar. Eran solo unas cuantas casas desparramadas en torno a una sencilla iglesia. Se trataba de humildes construcciones de adobe, a juego con el desierto circundante. El polvo en suspensión le daba un tono uniforme a la estampa: las casas, los pocos coches que había, el suelo e incluso los habitantes, todos estaban teñidos de ese tapiz arenoso que impregnaba hasta el último rincón. Tras preguntar por doña Toña, un tipo enjuto y seco nos indicó su vivienda con tanta precisión como pocas palabras. En línea con el resto del pueblo, se trataba de una construcción muy sencilla que solo se diferenciaba por tener un recinto con un pequeño jardín detrás.

Llamamos a la puerta y nos abrió la propia doña Toña. Era una viejecita adorable. Bajita y regordeta, con un mandil azul, su imagen era la de una persona aplicada y amable. Su pelo blanquísimo, recogido en un cuidado moño, daba a su dulce cara un aspecto bondadoso. Las profundas patas de gallo hacían intuir que era una persona muy risueña.

Con gran hospitalidad, nos invitó a entrar antes de poder decir nada. Por dentro, la casa era absolutamente austera, la única concesión poética era un cubo con flores situado en el centro de una pequeña mesa. La limpieza era absolutamente exquisita, ni una sola mota del perenne polvo del lugar tenía cabida en aquel sitio. Su trabajo le debía costar...

Tras beber un sorbo del café al que nos había invitado, mi amigo tomó la palabra.

—Venimos de parte de Peter Marco. Nos dijo que contactáramos con usted.

—Mmm... Sí. Peter Marco. Sí. Un joven con problemas, pero muy agradable. ¿Qué tal le va? —preguntó con tono amable y cariñoso.

—Pues no sabemos decirle mucho. Nos lo encontramos una noche, tomando unas cervezas en una cantina. Nos pidió que le diésemos un saludo de su parte.

—Vienen buscando el peyote, ¿verdad? —intuyó, perspicaz, la buena señora.

—Pues sí —respondió mi amigo con franqueza—. Peter Marco nos habló muy bien de usted y también del peyote. ¿Nos aconseja probarlo?

—Lo que hace cada uno es cosa suya —respondió amablemente, pero con firmeza—. Eso lo tienen que decidir ustedes. Si lo desean, puedo presentarles a mi sobrino, él sabe buscarlo en el desierto. No les cobrará mucho.

—Nos gustaría conocerlo.

Doña Toña nos ofreció alojamiento y nos prestó mantas, garrafas de agua y lonas para dormir en el recinto trasero. El jardín era amplio y sencillo, tenía una zona central con plantas y espacio suficiente alrededor para tumbarnos sin apreturas. Con la tranquilidad de tener el hospedaje asegurado, pedimos a la abuelita que nos guiara en busca del sobrino. Se despidió tras presentárnoslo y nos pidió que entráramos directamente por el jardín si llegábamos tarde.

El sobrino estaba reparando la ventana de su casa. Era un tipo muy moreno, bajito y delgaducho. Vestía vaqueros asquerosos y una camiseta vieja y rota. Como era de esperar, estaba cubierto de esa arenilla omnipresente. La expresión de su cara era un poco simplona y abría mucho los ojos al hablar.

—Si quieren peyote tendrán que pagarme.

—¿Bastará con esto? —preguntó mi amigo mientras le ofrecía una generosa cantidad.

—Pues claro —respondió abriendo aún más los ojos.

—¿Podemos ir ahora mismo?

—Pues claro. Mmm... ¿Me acompañan?

—Pues claro —respondió mi amigo con una cara muy seria que escondía una sutil burla.

Antonio prefirió esperarnos en el pueblo, no quiso saber nada del peyote. Yo dudé. Estaba cansado, pero pensé que una pequeña caminata me vendría bien para despejar la mente. Estaba atardeciendo, no podríamos ir muy lejos...

—Vamos.

Dejó caer el martillo con el que estaba arreglando la ventana y salió a toda velocidad. Nos miramos asombrados ante su precipitada reacción y rápidamente corrimos para alcanzarlo. Atravesamos como una exhalación las polvorientas y vacías calles del pueblo sin cruzarnos con nadie. A partir de ahí, empezaba el desierto. Numerosos grupos de pequeños arbustos, como la *gobernadora*, salpicaban el terreno árido que pisábamos. Algunas cactáceas y agaváceas rompían un poco lo monótono del paisaje. Había multitud de surcos que debíamos ir saltando o subiendo y bajando, según su tamaño. La marcha era complicada y la velocidad que imprimía aquel tipo era endiablada. Mi amigo era capaz de seguir el ritmo, yo empecé a quedarme atrás. Estaba agotado y respiraba con dificultad. La zona en la que nos encontrábamos superaba los 2000 metros de altitud y se notaba la falta de oxígeno. Estaba atardeciendo, pero el calor era aún sofocante en el desierto. Sudaba a mares, estaba sediento y no tenía agua. Nunca imaginé que iríamos tan lejos.

Cuando estaba a punto de claudicar, el guía bajó el ritmo. Entonces empezó a desplazarse de matorral en matorral. Miraba con cuidado, luego sacaba su navaja y escarbaba en la tierra. Cuando logré acercarme, los vi: a ras de suelo había unos extraños cuerpos de forma circular y de unos tamaños que iban desde una moneda grande a una medalla pequeña. Eran de color verde oscuro, pero no se veían bien hasta que él los señalaba. Para extraerlos, hundía el cuchillo en la tierra y los cortaba por abajo. Entonces sacaba una especie de pastilla con gajos. Según él, las hembras tenían más gajos —unos ocho o diez— y los machos menos —unos cinco—. Recogió bastantes y los metió en un pañuelo sucio que llevaba.

El desierto se tiñó de naranja con los últimos rayos de sol. El sobrino de doña Toña miró pensativo al horizonte y nos dijo que debíamos regresar. El regreso fue a la misma velocidad que la ida, como si huyéramos de algo o de alguien. En cuanto vimos el pueblo a lo lejos, me relajé y los seguí a una distancia que se fue incrementando. Cuando por fin llegué, mi amigo ya se había despedido del individuo.

—Vamos a casa de doña Toña.

No fui capaz de emitir palabras, ni siquiera un sonido. Estaba exhausto y deshidratado, me zumbaba la cabeza y tenía la lengua seca como un trapo. Simplemente asentí.

Llegamos bastante tarde a la casa de doña Toña. Siguiendo las indicaciones que nos había dado, fuimos directamente al patio trasero donde íbamos a dormir. Antonio, tras alardear del rico guiso de doña Toña que había cenado, se puso a dormir en la esquina contraria del recinto.

Después del ejercicio, yo tenía mucha hambre y mucha sed. Bebí unos buenos tragos del agua tibia de la garrafa. Calmada la sed y con el frío empezando a calar en mi cuerpo —la temperatura bajaba rápidamente—, no pude apartar de mi mente la imagen del suculento y calentito guiso de doña Toña. Las punzadas en el estómago, sin nada que llevarme a la boca, me animaron a probar el peyote. Al fin y al cabo era un alimento... También pensé que me relajaría y me ayudaría a dormir mejor. Error.

El viento helado soplaba con fuerza en la oscuridad de aquella zona desértica. Extendimos las lonas en el suelo y nos cubrimos con las mantas. Al principio los gajos de peyote tenían un gusto agradable. Sabían a champiñones, quizá un poco más amargos. Cuando llevábamos cuatro o cinco cada uno, hicimos una parada y esperamos un rato. Nos daba miedo drogarnos demasiado. Mientras esperábamos, mi amigo me contó otra de sus historias.

—Te voy a contar algo gracioso. ¿Sabes a lo que me dedico últimamente? A robar bolígrafos.

—¿Robar bolígrafos?

—Sí. Robo en hoteles, restaurantes, oficinas de funcionarios o bancos, es decir: sitios donde suelen tener bolígrafos baratos para prestar al público y donde no siempre son demasiado agradables. Lo pido amablemente prestado y espero un poquito. Cuando se despistan, me lo llevo. La gente no se suele dar cuenta y es mi manera de devolver al sistema las molestias que me genera. Cuando la gente es poco amable o se aprovecha de ti, debes reaccionar. La falta de reacción solo hace que se crezcan en sus desmanes. Las personas que no quieren pelear nunca, las que no quieren enfrentarse a sus enemigos, las que no quieren tener problemas, esas son las que, irónicamente, más problemas tienen. Crees que si no peleas la gente te dejará tranquilo, en paz. Es un error. Si algo he aprendido en esta vida es que hay que pelear cada centímetro, cada minuto. Eso es lo que te evita futuros enfrentamientos. Hay que hacer sentir a los que te rodean que sus acciones tienen consecuencias. Ningún mal debe quedar impune. A veces da pereza, piensas que debes dejarlo pasar, esa es la forma en la que se fortalece a los que actúan con injusticia.

—¿Y si te pillan?

—Eso casi nunca ocurre, pero si me pillan, digo que es un despiste: «Menos mal que me lo ha dicho, si no me lo llevo. Tengo la mala costumbre de quedarme los bolígrafos, soy tan despistado...».

—¿No se enfadan?

—Nadie se enfada por un simple bolígrafo barato, de mala calidad. Creen que es realmente un despiste. ¿Quién va a pensar que forma parte de un plan? Sin embargo, su falta, aunque insignificante, suele incomodar. Es un detalle sin importancia, hasta que pruebas tu propia medicina y descubres que los pequeños detalles, como el tratar a la gente con simpatía y amabilidad, o como tener un bolígrafo barato a mano, tienen su importancia.

—Estás como una regadera.

—Compré unos botes grandes para guardarlos. ¡Tengo un montón! ¡Todos llenos!

Me reí con ganas.

Había pasado media hora y no sentíamos nada, así que nos comimos otros cinco gajos de peyote y volvimos a esperar. Nada. Cuando empezamos la tercera ronda estábamos ya cansados de su sabor. Tomamos una nueva ronda con bastante esfuerzo y llegamos a los veinte gajos cada uno.

—Yo paso, ya lo hemos intentado y no hacen efecto —dije con cansancio—. Tengo el estómago asqueado de tanto peyote. Quiero dormir.

—Yo también.

Me tumbé y cerré los ojos. En cuanto los cerré, lo vi: un cactus se abría y de su interior salía otro cactus, luego otro y otro. Oí cómo mi amigo se tumbaba y me invadió la angustia. Si él se dormía, tendría que lidiar en soledad con todo aquello.

Entonces oí que me preguntaba.

—¿Lo ves?

—Sí, lo veo —respondí.

A partir de ahí no volvimos a hablar. Cada uno estaba metido en sus sueños surrealistas. Con los ojos cerrados, volaba por encima de campos de cactus de los más intensos colores. Luego llegué a zonas montañosas. Era capaz de dirigir mi vuelo, desplazándome hacia una u otra zona según mis deseos. Conseguía dirigirme a una montaña en particular, hacía eslalon entre los árboles, pasaba por debajo de cascadas e incluso me metía dentro de madrigueras de animales. Lo malo era que dirigir mi vuelo me suponía un agotador esfuerzo mental. Cuanto más pequeño era el sitio que elegía, más preciso debía ser en mis movimientos. La velocidad a la que avanzaba era muy rápida, así que tenía que ser muy veloz y anticiparme, y eso me extenuaba.

El vuelo solo se producía con los ojos cerrados, así que, de vez en cuando, los abría para descansar. Lo bueno era que al volverlos a cerrar recuperaba la posición, como cuando dejas un vídeo en pausa.

Pasado un rato llegué al mar. Era la costa del pueblo de mi infancia, así que la conocía bien. Bajo el mar todo era mejor: los colores eran más intensos, requería menos esfuerzo dirigir mi buceo, la velocidad era menor y había una gran sensación de calma. Además, dentro del mar había más lugares en los que poder meterme a investigar: profundos cañones submarinos, praderas de enormes algas, oquedades en las rocas... Dediqué un rato a seguir a unos pequeños peces de colores, luego me uní a un grupo de delfines. Nadar con los delfines era muy divertido, hacíamos piruetas y saltábamos fuera del agua. Tras un rato de juegos, me llevaron hasta la Roca de los Desaparecidos. Entonces se fueron y me quedé solo.

Me quedé quieto, desconcertado. ¿Por qué precisamente allí?

Abrí los ojos para descansar y asimilar el sitio al que había llegado: la Roca de los Desaparecidos. El viento, que había soplado toda la noche con fuerza, había parado repentinamente. Todo estaba en una silenciosa calma. Cerré de nuevo los ojos y oí una voz en mi interior: «Debes ir dentro y preguntarle al Dragón tus dudas». Entré dentro de la gruta submarina y empecé a bucear en un movimiento de destornillador. Vi erizos enormes y estrellas de mar fosforescentes en las paredes, vi cangrejos de colores chillones, todo era precioso. Entonces dejé de dar vueltas. Empezaba a acercarme a una bifurcación y debía elegir el camino a tomar. De nuevo oí una voz: «Soy el Dragón. No me hace falta que me hagas la pregunta, tengo la respuesta. Toma el camino de tu corazón. Siempre debes tomar el camino de tu corazón».

Abrí los ojos para descansar otro instante. Cuando los volví a cerrar ya no estaba bajo la Roca de los Desaparecidos. Volvía a estar en los campos de cactus, aunque ahora ya todo era más lento, menos brillante. Empezaron a aparecer huecos negros en medio de los campos, habían pasado varias horas y las alucinaciones se iban atenuando. Al cabo de un rato pude empezar a interactuar con mi amigo. Nos reíamos de una forma excesiva, histriónica. Las carcajadas sin límite hacían brotar abundantes lágrimas en nuestros ojos cansados. La sensación era curiosa porque, a diferencia del alcohol, era capaz de recordarlo todo, absolutamente todo. También era plenamente consciente de estar totalmente drogado.

Entonces oímos un ruido.

—Si ahora nos atacara un animal, no me atrevería a matarlo.

—¿Por qué no? —pregunté tras parar de reír.

—Porque estoy drogado y, si lo mato, lo mismo mañana descubro que es una persona.

Volvimos a reír.

El animal que hacía ruido resultó ser Antonio, a quien habíamos olvidado por completo. Se nos acercó soñoliento.

—Dejen de hacer ruido, pinches locos. Van a despertar a todo el pueblo.

—Antonio, por favor te lo pido, no nos ancles a la realidad, deja que sigamos volando, eres un lastre.

Más risas.

El pobre se dio la vuelta malhumorado y nos dejó. A partir de ese momento intentamos hablar más bajo, aunque no sé si lo conseguimos. El hecho de no poder hacer ruido nos provocaba aún más risa.

Amanecía y no habíamos pegado ojo. Antonio parecía enfado. La cara de mi amigo era de loco yonqui: sucio, despeinado y con unos ojos de vampiro en los que las pupilas ocupaban el noventa por ciento del iris. Era una especie de eclipse de iris.

Doña Toña nos ofreció el desayuno. No tenía hambre ni sed, así que no tomé más que un poco de leche por no resultar descortés ante su insistencia. Sentía una vitalidad tremenda, unas terribles ganas de saltar y correr. Mi cerebro estaba en un estado de bobalicona relajación feliz, en todo el día no pude evitar carcajearme de un modo absolutamente excesivo ante cualquier chorrada. Tardé un par de días en poder ver completamente negro al cerrar los ojos, sin ningún tipo de colorido destello.

Una vez recuperados, hablamos de la experiencia del peyote. Lo que había visto —*vivido* era la palabra que más se acercaba a mis sentimientos— estando drogado había sido extraordinario e inquietante y me apetecía tanto compartirlo como descubrir lo vivido por mi peculiar amigo.

—¿De qué has hablado con Mezcalito? —me preguntó.

—Yo no he hablado con Mezcalito, he hablado con el Dragón.

—¿En serio? —preguntó riendo.

—Sí. La voz que oí afirmaba ser el Dragón.

—¿Y qué te contó?

—Ha sido todo muy raro. Primero he estado volando por campos de cactus, luego he llegado al mar y he empezado a bucear. Al final he llegado a la Roca de los Desaparecidos y me he metido en su gruta submarina. Tras avanzar un rato, ha aparecido una bifurcación y la voz me ha dicho que debía tomar el camino de mi corazón.

—¿Cómo? —preguntó sorprendido.

—Me ha dicho que tomara el camino de mi corazón —repetí extrañado ante su actitud—, pero eso no tiene ningún sentido para mí. ¿Por qué te llama tanto la atención?

—Joder, eso es muy raro, pero tiene su gracia.

Ver a mi amigo sorprenderse así era algo extraordinariamente inusual, así que me quedé un poco desconcertado. Decidí actuar con cautela, sabía que si mostraba mucho interés no soltaría palabra. Cambié de tema.

—¿Con quién has hablado tú? ¿Qué te han dicho? —pregunté.

—Nada, nada, nada… —respondió con aparente normalidad.

Sin embargo, a mí me pareció intuir un fugaz halo de tristeza en lo más profundo de su mirada. ¿Tristeza? Esa era otra actitud impropia de mi amigo. ¿Qué estaba pasando?

A pesar de mis esfuerzos e insistencia, no quiso contarme nada de nada. No me pareció bien ese hermetismo después de que yo le hubiera contado lo mío y me molestó especialmente lo de la Roca de los Desaparecidos porque era algo pendiente desde hacía años. El caso es que no logré obtener mis ansiadas respuestas y al final, enfadado, no quise hablar más del asunto.

Capítulo 11. Quique Malo

En el pueblo había un chico que se llamaba Enrique, pero nadie lo conocía por ese nombre. Su nombre era Quique Malo. Era un mote simple y en su simplicidad radicaba su contundencia única. No era nada rimbombante ni pretencioso, en plan *Rompepiernas* o *Mataperros*, ni siquiera era Quique *el Malo*. Era, simplemente, Quique Malo, nada más. No hacía falta preguntar para qué era malo. Era malo para ti, malo para tu salud, malo para tus amigos, malo para tu vida. Bruto, fuerte y cruel, parecía hecho para gobernar con tiranía los designios de los muchachos del pueblo. Los de su edad lo temían, los mayores lo evitaban y a los más pequeños nos aterrorizaba. Para sembrar más pánico aún, no acostumbraba a ir solo. Iba con un grupo de chicos, poco aficionados a la poesía, a los que se conocía como «los Malos».

Los Malos regentaban el lucrativo negocio de los porros, las pastillas, la coca y la heroína. Durante su jornada laboral se fumaban porros y se metían *fariña* o pirulas, sin que nadie se atreviera a decirles nada. Lo único que no consumían era la heroína que vendían a los yonquis del pueblo.

El cuartel general de los Malos estaba instalado en las inmediaciones de la sala de juegos recreativos. La puerta trasera de dicha sala daba a un parque sucio y descuidado. Los Malos habitaban allí, ese era su reino. El parque tenía dos zonas: una en la que había una cancha de baloncesto muy deteriorada y otra con un banco de piedra rodeado de matorrales. La droga la tenían escondida en bolsas dentro de los matorrales; el banco hacía las veces de trono de su reino. Allí sentados, comían pipas, bebían cerveza, consumían droga y practicaban el manejo de sus navajas mariposas alardeando de destreza. El arsenal de intimidación lo completaban unos puños americanos y un bate de béisbol, con el que a veces se echaban unos partidos en el parque. Obviamente, nadie pasaba por aquel sitio sin tener un buen motivo; pero, desgraciadamente, los Malos no siempre estaban en el parque. A veces entrabas en un bar y estaban ellos, bebiendo cervezas Estrella Galicia, fumando y comiendo sus queridas pipas. Siempre estaban cabreados, con mala cara, y tu aparición generaba un momento tenso. Una vez que te habían visto ya no podías huir, si lo hacías te perseguían y era aún peor. En esos casos tenías que mantener el tipo, aguantando sus embates como podías. Te insultaban, te escupían pipas encima y te empujaban, pero tú no podías ni enfrentarte a ellos ni temerlos. Era todo un arte lograr aguantar esa avalancha sin mostrar miedo, ni tampoco un valor que consideraran chulería. Ambos sentimientos eran castigados por igual. Porque, al fin y al cabo, lo que realmente hacías al aparecer ante ellos era cometer un delito. ¿Cuál? El de importunarlos con tu miserable e insignificante presencia.

De noche, cuando ibas a pescar chipirones, los veías bajando de lanchas con pesados fardos de plástico. Rápidos, fieros, oscuros, sospechosos. En esos momentos no se paraban a molestarte, pero sus miradas amenazantes te hacían ver que eras tú el que estaba fuera de lugar.

La pesca de los chipirones era toda una tradición en el pueblo. Durante la noche, se veían atraídos por la luz con una fuerza irresistible. Cuando había luna llena, se dispersaban por toda la ría; cuando no había luna, era fácil concentrarlos con una luz en un punto concreto.

Los pescadores botaban sus chalanas y sus barquitos, y navegaban hasta el medio de la ría con grandes focos para atraerlos. Multitud de pequeñas luces, a modo de luciérnagas, iluminaban las oscuras y tranquilas noches del verano. Sin embargo, no todo el mundo tenía una barca. Entre los jóvenes y los ancianos lo común era irse al puerto. Pasábamos las horas apostados junto al muelle, cerca de una gran farola que atraía a los cefalópodos en la plena oscuridad de la noche. No era como la barca, no era tan emocionante, pero capturabas tus buenos chipirones.

Siempre se estaba apiñado. La gente que iba llegando intentaba acercarse lo más posible a la farola porque los mejores puestos eran los que estaban justo debajo, donde la luz era más intensa. Para conseguirlos, había que ir muy temprano, antes de que anocheciera. Los viejos, normalmente más previsores y pacientes, eran los que se hacían con los mejores sitios. El resto nos íbamos acoplando lo más cerca posible, arrimándonos con un disimulo no siempre bien visto.

Tarde o temprano ocurría lo que tenía que ocurrir. Los sedales de dos cañas se liaban entre ellos debido a un descuido, al movimiento del mar o simplemente a la proximidad. Entonces se desataba la discusión. El más cercano a la luz protestaba con vehemencia, consiguiendo que el siguiente se alejara un poco. Así se desplazaba toda la cadena. Menos de diez minutos después el espacio había vuelto a reducirse y una nueva confrontación surgía tras un nuevo enredo de sedales.

A mi amigo y a mí nos gustaba mucho ir a pescar chipirones desde pequeños. Era muy divertido y emocionante, aunque solo fuera porque salías tarde de casa y volvías de noche. Con el tiempo, la pesca de los chipirones alcanzó una nueva dimensión, no mejor ni peor que la primera, simplemente distinta. Los veranos habían ido pasando y empezamos a descubrir nuevas perspectivas: empezamos a beber. No sé si nuestros padres lo llegaron a saber; pero debió preocuparles, al menos, nuestra pérdida de capacidad pesquera.

Nos iniciamos en el calimocho con soltura y pasión. Era barato y no estaba nada malo. El cartón de vino marca Cumbres de Gredos apenas llegaba a las cien pesetas. La Coca-Cola de dos litros era un poco más cara. A una edad en la que el presupuesto asignado por nuestros padres para gastos solo contemplaba pipas, helados y chuches, no podíamos permitirnos mucho más. Incluir en ese presupuesto el alcohol era algo que nos hacía replantearnos los *inputs* y *outputs* de la pequeña empresa a la que llamábamos ocio. Así aprendimos a comparar precios, a buscar las ofertas, a ajustarnos el cinturón. El calimocho nos enseñó la importancia del ahorro, la economía de empresa y la fuerza de la inversión en grupo en aras de un bien común. Juntando poco más de cien pesetas cada uno, teníamos suficiente.

El caso es que beber estaba muy bien, pero no podíamos llegar a casa ebrios. Todavía no podíamos entrar en las discotecas, éramos demasiado jóvenes. ¿Cómo beber entonces? ¿Dónde hacerlo? Pues había dos grandes opciones: ir a una calita escondida a pasar el día o ir a pescar chipirones por la noche. En ambos casos estabas oculto de miradas indiscretas durante el proceso y evitabas que tus padres te vieran borracho. En la playa tenías la tarde para que se te pasara, con los chipirones llegabas a casa con tus padres ya acostados.

Escondidos en una esquina del puerto, con las luces rojas de los cigarrillos iluminando nuestras caras, la botella de calimocho pasaba de uno a otro con el nerviosismo y las ansias del que hace algo nuevo y prohibido. El alcohol soltaba nuestras lenguas y los más disparatados planes y anhelos salían imparables de nuestras bocas. Éramos mayores. Éramos duros machos curtidos en el vicio, que aguantaban el alcohol con estoicismo, como quien bebe agua, o eso queríamos creer... Por suerte, la borrachera tampoco llegaba a mucho por la falta de dinero.

En una de esas charlas, achispados por el alcohol y escondidos en la oscuridad del puerto, mi amigo soltó la idea.

—Vamos a robar unas nasas.

—¿Cómo?

—Vamos a robar unas nasas. Las pondremos en la playa, cerca de las rocas. Así podremos recoger nuestras propias capturas.

Me quedé mirándole estupefacto, siempre acababa sorprendiéndome. Tras recuperarme de la sorpresa inicial, animado por el alcohol, no me pareció tan mala idea. Me daba un poco de miedo, pero con Sombra Oscura huido del pueblo desde hacía unos veranos, teníamos el camino despejado. La idea me atraía más que me asustaba, así que decidí seguirle el juego exponiendo las pegas que me preocupaban.

—Si los pescadores nos descubren robando sus nasas, nos despellejan.

—No nos van a ver, lo haremos de noche, antes de que salgan a pescar. Además, solo vamos a robar las que están más viejas y estropeadas —dijo mi amigo confiado.

—Vale, las robamos de noche. ¿Y dónde las guardamos?

—No las vamos a guardar. Las robamos esta misma noche en la bajamar, las lanzamos desde la orilla de la playa y mañana venimos a por ellas cuando sea otra vez la bajamar. Las atamos, las colocamos a una distancia razonable unas de otras y listo. Solo tendremos que ir a vaciarlas de cangrejos y cargarlas de carnada de vez en cuando.

—No podemos ponerlas en la playa, ya sabes que es un lugar prohibido…

—Si es que alguien nos ve buceando en las nasas, lo cual es poco probable, diremos que nos las encontramos allí, en la playa. Es imposible que demuestren que son nuestras; de hecho, ni siquiera lo son. ¿Qué van a hacer? ¿Detener a unos mocosos por bucear cerca de unas viejas nasas medio rotas?

La verdad es que tenía razón.

—¿Cómo sabremos dónde están? Si las marcamos las encontrarán y nos las quitarán.

—No las marcaremos. Las ataremos todas con un cabo y las pondremos en una zona recogida, cerca de las rocas. Si son varias y el cabo es largo, pesarán lo suficiente para que no se las lleve la marea. Las cargaremos con carnada y les sacaremos los cangrejos buceando. Todo buceando. Ya sabes bien cómo se hace, ¿te acuerdas?

—Sí, me acuerdo perfectamente —dije con una media sonrisa.

La verdad es que el plan era muy bueno y la idea de las capturas me servía de acicate, así que acepté. Lo curioso es que fue precisamente el proyecto de las nasas el que terminó dándome el susto más desagradable de mi vida.

Aquella misma noche robamos las nasas; la marea estaba baja y nos cuadraba muy bien. No fue difícil. Amontonadas tras las casetas donde los pescadores arreglaban sus aparejos, había infinidad de viejas nasas en reparación. Agarramos un par de ellas cada uno y salimos rápido hacia la playa, lanzándolas al mar desde la orilla.

Al día siguiente no hizo buen tiempo. Estaba nublado y no había casi gente en la playa, eso nos facilitó la tarea. En cuanto la marea bajó un poco, no pudimos esperar más y nos echamos al agua. ¡Las nasas estaban allí! Se habían dispersado un poco, pero estaban todas. Las atamos con el cabo, las llenamos con carnada y las separamos formando una línea recta en paralelo con las rocas. Una vez terminado todo, nos quedamos mirando al mar con la satisfacción del trabajo bien hecho. Brazos en jarras, cabeza alta y caras sonrientes. ¡Misión cumplida! Fue en ese instante cuando mi amigo me dejó caer la frase.

—Nunca te llegué a contar todo lo de Sombra Oscura, ¿verdad?

—¿Cómo?

—Fui yo.

—¿Cómo que fuiste tú? ¿Qué hiciste? —pregunté con miedo.

—Nada, nada —respondió, divertido.

—¡Venga, hombre, que nos conocemos!

—Aquel verano me dijiste que no te contara nada sobre mis planes. ¿Ahora quieres que te lo cuente?

—Sí. Bueno... ¿Crees que debo saberlo?

—No empieces con tus miedos e indecisiones. ¿Sí o no?

—Sí.

—¿Lo del toro o lo de la casa?

—Jodeeeer.

Tras reírse un buen rato, por fin habló.

—Recuerdas que le dije a Sombra Oscura dónde estaba la droga, ¿verdad? Supuse que no desaprovecharía la oportunidad de hacer dinero. Si solo lo sabíamos nosotros y él, y nosotros estábamos amenazados y cagados de miedo, nada le impedía hacerse con la droga. Esa misma noche, en vez de irme a casa directamente, me pasé por la sala de juegos para hablar con Quique Malo.

—¿Quique Malo? ¿Tú estás pirado? —pregunté escandalizado.

—Sí. Quique Malo. Le conté que Sombra Oscura había planeado hacerles la competencia. Le conté que había empezado a meter droga en el pueblo por su cuenta, a través del acantilado de detrás de su casa. Le reté a que viniera conmigo para verlo al día siguiente. Al principio no me creyó, pero finalmente lo convencí. Total, por ir a verificarlo no perdía nada. Si le mentía, solo perdería un poco de su tiempo y podría vengarse de mí cuando quisiera.

»Al día siguiente me pasé por donde suelen parar los yonquis y comenté que Sombra Oscura tenía buen material y que lo vendía barato. Luego fui a buscar a Quique Malo y subimos a casa de Sombra Oscura para espiar sus movimientos. Estábamos escondidos cuando llegó con los fardos. Quique Malo me creyó. Por si le quedaba alguna duda, al volver nos cruzamos con un par de yonquis muy conocidos. La jugada me salió perfecta. ¿Para qué quieres más? Quique Malo estaba encolerizado, rabioso. "No sabe con quién juega" fue lo último que me dijo antes de marcharse.

»A los pocos días murió el toro y Sombra Oscura se fue a por los Malos. Estaba tan acostumbrado a salirse con la suya que se enfrentó a ellos y no les dio la droga. Ese fue su gran error. Puedes robar a la gente honrada cuando quieras, pero no puedes amenazar a los Malos. Con Quique Malo no se juega. Le quemaron la casa y aún tuvo que dar gracias porque a él no le pasó nada. El resto ya lo conoces: fuego, toque de campanas, la gente se entera de que es la casa de Sombra Oscura y todo el mundo se lo toma con calma. Hasta que se empezó a extender el fuego hacia el bosque, la gente no se movió realmente. Tuvo que notar la diferencia de energía entre apagar uno y otro fuego. Nadie se acercó a consolarlo; es más, casi se sentía el regocijo en el ambiente. Solo, arrodillado y con el pueblo dándole la espalda. Una imagen muy teatral. ¿Y qué esperaba? No olvides esta lección: no puedes fastidiar siempre a todo el mundo.

Me quedé sin palabras. No supe qué decir y, como era tarde, me volví a casa. Caminaba con muchos pensamientos en la cabeza. Mi amigo me había dejado asombrado. Vaya huevos. Si le llegan a pillar, no sé qué casa se quema. Estaba empezando a jugar muy fuerte. Nadie era capaz de detenerlo y parecía que el riesgo era un estímulo para él. Ya no se trataba de ser un personaje peculiar, de tener fuerte personalidad y mucha seguridad en sí mismo; ya no solo se trataba de lograr retos graciosos, aunque ese seguía siendo el principal motor de su vida; se trataba de apostar al límite jugando con consecuencias muy serias, que él se tomaba a broma. Había destrozado la vida de Sombra Oscura. ¿Se lo merecía? Probablemente sí. ¿Alguien se lamentaba de su suerte? Probablemente no. Pero no era esa la cuestión. Mi amigo empezaba a actuar con tal frialdad que daba miedo. Encajaba todo con la misma despreocupación de siempre, pero cada vez eran asuntos más graves. No le bastaba con ganar, tenía que hacerlo de la forma que él consideraba graciosa o buscándose un reto extra. Siempre iba un paso por delante, decidiendo sobre el bien y el mal, buscando salirse con la suya constantemente. Era como si jugase con niños chicos y los engañase con algo simple y evidente para divertirse, sabiendo que estaba muy por encima. Pensé de nuevo en Sombra Oscura y no llegó a darme realmente pena. Lo que le había hecho mi amigo estaba mal, pero... Pero yo odiaba a Sombra Oscura. Ese *pero* era el que hacía que no pudiera condenarlo totalmente. Entonces pensé que debía andarme con cuidado. Si miras mucho tiempo a los ojos del diablo terminas convirtiéndote en diablo.

Capítulo 12. La Roca de los Desaparecidos

Salpicaban la costa muchas calitas perdidas. Para llegar a ellas era necesaria una larga excursión a través del bosque y una bajada, no siempre fácil, hasta el mar.

Ese día habíamos elegido la playa de Los Ahogados, la más cercana a la Roca de los Desaparecidos. Se accedía a través de una senda zigzagueante labrada en un monte muy empinado. Tenías que ir agarrándote a los árboles para no caerte, lo que no resultaba fácil al ir cargado con abundante comida y bebida para pasar todo el día en la playa: pan, chorizos, empanada, agua, calimocho... Lo complicado del descenso hacía que siempre estuviera vacía, por eso no esperábamos compañía.

Cuando vimos allí a los Malos era ya demasiado tarde. Ellos también nos habían visto y no podíamos recular sin que resultara excesivamente evidente. El pulso entre la dignidad y el miedo estaba librándose y por desgracia ganó la dignidad.

—Mierda —masculló por lo bajo.

Intentamos situarnos lo más lejos posible de los Malos, justo en la esquina opuesta de la pequeña calita. El problema era que seguíamos estando demasiado cerca. No sé el tipo de trapicheo que planeaban, o si simplemente reafirmaban su autoridad, pero decidieron que la playa resultaba insuficiente para ambos grupos y, dado que ellos eran los Malos, allí sobrábamos nosotros. Estaba clarísimo, diáfano.

Uno se levantó y se dirigió directamente hacia nosotros. Nos ordenó escueta y brutalmente:

—Fuera de nuestra playa.

Dudé un instante. No dudé entre irme o no irme, sino en cómo hacerlo sin perder mucho la dignidad. Entonces se acercó a mí, me empujó y gritó:

—¡Fuera de nuestra playa!

Inmediatamente empecé a recoger mis bártulos. Escuchaba las risas y los vítores que el resto de los Malos, incluido Quique, daban al que se había levantado a amenazarnos. Entonces salió el genio de mi amigo, que no se había molestado en recoger nada de lo suyo porque no tenía pensado marcharse.

—Quiero comprar cocaína. ¿Tenéis aquí farlopa para venderme?

Las risas cesaron, nos miraron y evaluaron la posibilidad de negocio. ¿O era un farol?

—Tú no te metes de eso, puto niñato. A ver si se va a enterar tu papá.

La frase la había pronunciado el mismísimo Quique Malo. Te cagas. Deseaba que mi amigo se limitara a asentir, a dejar el tema y a darse la vuelta. Una voz interior gritaba en mi cabeza: «No le respondas, no le respondas». Habría dado lo que fuera por poder irme tranquilamente, sin más problemas, pero sabía que no iba a ser así.

—Hay muchos detalles de mi vida que mi padre no conoce porque yo no se los cuento. A ti seguro que te pasa lo mismo. Esas cosas quedan entre tú y yo. ¿O no te acuerdas ya de Sombra Oscura?

Silencio duro y largo. Todas las miradas hacia Quique Malo, esperando una respuesta del supremo emperador que decide sobre la vida y la muerte de los esclavos en el circo romano.

—Vale. Nos vamos a meter unas rayitas juntos, así os hacéis hombres de verdad. Me vas a pagar cinco mil pesetas y yo te vendo medio pollo. Supongo que no tendrás dinero, pero no te preocupes, no soy como los bancos, yo te fío. Total, ¡sé dónde vives!

Carcajada por parte de los Malos.

—Ningún problema —replicó mi amigo—. Hay bares de carretera, con luces de neón, que por hacerte hombre de verdad te cobran menos.

Nueva carcajada.

—Nos ha salido un graciosito. ¡Menuda suerte! ¿Seguimos el festival de humor o nos metemos esos tiritos?

—¿Cuánto habías dicho que era?

—Cinco mil pesetas. No hay rebajas.

—Como estas —sentenció mi amigo sacando un enorme billete morado de su mochila—. Yo pago al contado, como a la madre de ese —añadió mientras señalaba a uno de los Malos cuya madre tenía una tienda de chucherías.

Nueva carcajada general, menos el hijo de la de las chuches, por supuesto.

—A mi madre no la nombres o te arranco la cabeza y me meo en ella, ¡hijo de puta! —respondió el susodicho.

—Me refería a las chucherías, por supuesto —aclaró mi amigo con cara de bueno.

Quique Malo empezó a reír de nuevo, ahora con más fuerza.

—¡Este tío es un cachondo!

El otro se puso de color rojo y miró a Quique Malo. Buscaba permiso para empezar la pelea. Por suerte, no le fue concedido.

—Basta de gilipolleces —zanjó Quique Malo—. Nos vamos a meter una rayita terapéutica y nos vamos a tirar desde la Roca de los Desaparecidos.

La frase resonó con la fuerza del que grita una barbaridad que no desea, algo de lo que te arrepientes en el mismo instante en que sale de su boca. Hasta el propio Quique Malo vio que se había pasado. Todos sabíamos las historias de la Roca de los Desaparecidos y todos enmudecimos. El silencio hacía aumentar la tensión que había en el ambiente. El reto estaba lanzado y nadie quería recogerlo. Es más, lo que todos deseábamos era que se olvidara, pero los Malos no podían dejar que se diera marcha atrás y quedar como cobardes. Pensé que solo había una opción: si yo era capaz de cambiar de tema e intentar suavizar, quizá todo quedara en una anécdota.

—Bueno —tercié mientras sacaba una botella—. ¿Un poco de calimocho para ir entrando en calor?

Quique Malo alargó el brazo hacia mí, mirándome fijamente. Lo tenía muy cerca, casi podía oler su aliento. Era cejijunto y su enorme y gruesa ceja escondía unos ojos pequeños y malvados. El pelo muy negro, largo y liso, le daba un aspecto salvaje. Estaba muy fuerte y daba mucho miedo. Agarró mi botella de calimocho, que ya era suya, y se volvió con sus secuaces a su sombreada esquina de la playa. El peligro parecía haber pasado.

Nosotros nos sentamos en la otra punta de la calita. Era una zona peor, no había sombra, pero no habíamos salido tan mal parados y eso me animaba bastante. Me di un baño en el agua helada para intentar olvidarme del peligro; mi amigo me acompañó. Metimos las botellas bajo el mar, pillándolas bajo una roca para que se enfriara la bebida. Tras el largo baño, llegó el momento de preparar el fuego para el almuerzo. Envolvimos los chorizos en papel de plata y fuimos picando algo de empanada mientras esperábamos. La comida era mucha y sobró para la merienda. El día parecía empezar a enderezarse, pero solo era la calma que precede a la tempestad. Al poco tiempo vinieron los Malos y nos ofrecieron la cocaína, aunque más que un ofrecimiento fue una exigencia. Estaba pensando cómo rehusar, cuando mi amigo tomó la palabra.

—Dame mi medio gramo.

Quique Malo le dio una pequeña bolsita y mi amigo le entregó el billetazo morado.

—La primera para ti y para mí. Yo invito. El resto, que espere —dijo mi amigo.

Quique Malo sacó su cartera, vertió parte del contenido en ella y repartió el polvo blanco en dos rayas paralelas iguales. Lo hizo ayudándose de una tarjeta, con mucha maña y oficio. Esnifó una de las rayas con la ayuda del billete enrollado y le pasó la cartera a mi amigo. Él la esnifó con bastante naturalidad —o eso me pareció—. Nada más metérsela, hizo lo que yo más temía: retó a Quique Malo.

—Ahora, tú y yo nos vamos a tirar de la Roca de los Desaparecidos y vamos a ver si es cierto lo que se dice. Es como el que tiene un huerto de tomates: si quieres demostrar que son buenos, a veces hay que abonar el terreno y mancharse con mierda.

Quique el Malo no se lo esperaba. Tosió, carraspeó un poco y murmuró.

—Jodidos niñatos, se meten una rayita y ya se creen inmortales.

—¿Tienes miedo? —le preguntó mi amigo mirándole fijamente a los ojos.

Quique Malo sostuvo su mirada y le retó.

—Vamos, valiente. Te vas a tirar tú primero, luego me voy a tirar yo y luego se va a tirar tu amigo —ordenó señalándome.

Nadie más dijo nada. Yo estaba absolutamente descompuesto, cagado de miedo.

Nadamos hasta la Roca de los Desaparecidos, escalamos y nos quedamos mirando al agua desde la cumbre. Observábamos con miedo ese pequeño pozo oscuro sin fondo, recordando todas sus leyendas. El lugar exacto donde debíamos tirarnos para luego salir. Suponiendo que fuéramos capaces de salir…

—Tú primero —ordenó Quique Malo.

Mi amigo cerró los ojos e hizo varias respiraciones profundas. Se lo tomó con mucha calma, casi sobreactuando. Empezábamos a creer que no saltaría, pero justo en el instante en el que Quique Malo iba a decir algo, saltó de pie, impulsándose con fuerza. Tardó eternos segundos en caer al pozo. Al menos había acertado en el lugar correcto. Entonces vimos espuma blanca en el agua. Luego ya no se vio nada más. Algunos se quedaron esperando a ver si aparecía por ese lado, pero la mayoría nos dimos la vuelta para ver si aparecía por el otro. Mirábamos a esa oscura mar donde debía reaparecer, siempre que no desapareciera, claro. Transcurrieron los segundos. No se veía absolutamente nada. Pasó más tiempo y empezamos a ir de un lado a otro de la roca para ver si aparecía de una vez, fuera por donde fuera. Nada. Pasaron más y más segundos. Ya eran minutos. Nada. El terror se empezó a apoderar de todos nosotros, incluso de los Malos.

—Ha desaparecido. Parece que el muy marica no ha sido capaz de bucear lo suficiente —dijo Quique Malo aparentando calma.

Estaba tan nervioso que no supe controlarme. En un arrebato de rabia, lo empujé y empecé a insultarle. Él se volvió hacia mí con el puño en alto. Cuando iba a descargarlo sobre mi cara, se oyó el grito de uno de los Malos.

—¡Ahí!

Todos miramos hacia donde señalaba y vimos aparecer a mi amigo. Era mucho más lejos de lo que esperábamos. El recorrido era más largo de lo que habíamos imaginado. Tosía y resoplaba. Permaneció un rato flotando boca arriba para recuperarse. Cuando lo hizo, pudo nadar lentamente hasta la Roca de los

Desaparecidos y subir a donde estábamos todos esperándole. Tenía los ojos enrojecidos y su mirada era feroz y desafiante. Sonreía de una forma rara, daba un poco de miedo. Se encaró con Quique Malo y lo retó.

—No es tan difícil. Yo ya lo he hecho, ahora te toca a ti. Desaparece y vuelve a aparecer, como yo.

Uno de los Malos le preguntó sobre lo que había visto allí abajo. La respuesta fue clara e irónica.

—Ahora te lo cuenta tu amigo, en cuanto salga.

Todos miramos a Quique Malo. Él no vaciló. Saltó de cabeza con chulería.

Capítulo 13. El Tarahumara

Llegamos a Monclova por la tarde. Nuestro destino era la iglesia de Santiago Apóstol, donde debíamos reunirnos con Pancho el Tarahumara para saldar nuestras deudas. El día era caluroso y seco, el sol caía a plomo y resecaba las solitarias calles de aquella ciudad del norte de México. El asfalto parecía a punto de derretirse y abrasaba a los inconscientes que circulábamos a aquellas horas. Por si fuera poco, soplaba un viento ardiente que venía del norte, de las áridas y desérticas zonas que separan México de Estados Unidos, lo que terminaba de secar el ambiente. Los pocos coches que circulaban eran grandes rancheras viejas, con la parte de atrás abierta. Los hombres llevaban sombrero tejano; eran vaqueros de película del oeste con pinta de tipos duros de la frontera.

Habíamos recorrido las amplias avenidas de Monclova hasta llegar al centro de la ciudad. Aparcamos el coche y preguntamos por la iglesia. Unas abuelitas nos indicaron la dirección con enorme amabilidad y aprobación: que la gente joven se preocupara por rezar era algo que solo podían ver con buenos ojos. En las inmediaciones de la iglesia había una cantina. Nos acercamos a tomar unas cervezas, estábamos sedientos. Al entrar vimos que el local estaba casi vacío, solo había un par de viejos viendo una telenovela con gran interés. El camarero también estaba ensimismado con la televisión y no nos hizo ni caso. A la espera de que nos atendiera, me fui al baño para refrescarme. La puerta abatible de aquel cubículo maloliente me trajo de nuevo a la mente las películas del oeste. Del sucio lavabo apenas salía un hilillo de agua, pero acumulándola en el cuenco de mis manos con mucha paciencia, logré finalmente humedecerme pelo y cara. Cuando salí del baño, el camarero seguía viendo la tele.

—Disculpe que le interrumpamos —dijo mi amigo con gesto risueño.

Aquel antipático individuo aún tardó un buen rato en atendernos. Cuando finalmente nos sirvió, los tres botellines delante de la barra parecían el reclamo de un anuncio de cerveza. Los bebimos de dos tragos y pedimos otra ronda, estábamos sedientos y cansados tras el largo viaje en aquel viejo coche sin aire acondicionado. También estábamos nerviosos, no sabíamos cómo sería el tal Pancho el Tarahumara ni qué tipo de trabajo deberíamos hacer para quedar libres de nuestras deudas. El asunto tenía mala pinta.

Llevaba todo el viaje barruntando sobre la batería de posibilidades a la que nos enfrentábamos. Había analizado incluso la opción de escapar y volver a España, era poco probable que nos siguieran hasta allí. Lo descarté porque la mínima posibilidad de que cumplieran sus amenazas, por muy remota que fuera, hacía imposible asumir el riesgo. Nosotros nos habíamos metido en esto y nosotros saldríamos de ello, no quedaba otra que afrontarlo; huir no era una opción. Una vez decidido ese punto, intenté examinar las posibles opciones del trabajo que nos iban a obligar a realizar. Quería saber a qué nos enfrentábamos, pero no tenía ni idea. Le había dado vueltas, pensando en silencio hasta agotarme. Fuera lo que fuera, había de ser algo que no pudiera hacer la gente de allí o algo muy peligroso. Pintaba muy mal. La opción de hablar con la policía era impensable, podían llegar a ser más corruptos y malvados que los propios delincuentes.

Esos pensamientos se habían repetido como un enloquecedor goteo continuo durante todo el viaje. Ahora, apoyado en la barra y con la cerveza en la mano, los temores fluían por mi mente como un torrente desbocado. Bebía cerveza para envalentonarme un poco, pero el nerviosismo era tal que suprimía los efectos del alcohol. Al terminar la segunda ronda ya no pedí más, mi amigo tampoco, solo Antonio pidió una última cerveza. Cuando el camarero se la dio y nuestro conductor pagó, le preguntó si conocía a Pancho el Tarahumara.

El camarero nos miró de arriba abajo y tardó unos largos segundos en contestar.

—¿Quién lo pregunta?

—Unos amigos a los que está esperando —respondió secamente Antonio.

—Vuelvan aquí mañana por la noche, a eso de las diez —respondió igual de secamente.

A las diez menos dos minutos del domingo estábamos de nuevo en la cantina. Por fin íbamos a conocer al famoso Tarahumara. El camarero nos sirvió tres cervezas antes de que dijéramos nada, su cara era seria y antipática.

—Sí, lo de siempre —dijo mi amigo sonriendo—. Pónganos también unos tacos.

Yo era incapaz de comer. Estaba nerviosísimo y tenía, una vez más, el estómago cerrado. Empecé a beberme la cerveza mientras hacía un barrido visual con disimulo. Apenas había parroquianos en la cantina, solo cinco personas distribuidas en dos grupos: dos viejos con pinta de vaqueros retirados y tres chicos jóvenes con aspecto de roqueros. Ninguno parecía responder a la imagen que me había formado del famoso Pancho el Tarahumara.

Entonces entró. Tampoco tenía la pinta que yo había imaginado. Era un tipo muy bajito, endeble, muy oscuro de piel, con el pelo muy largo. Vestía una camiseta indígena blanca, un pantalón vaquero viejo y sucio y unas curiosas chanclas que ya había visto antes en el Hombre del Peyote —consistían en un simple trozo de neumático atado al pie con unas tiras de cuero—. Tenía los pies llenos de mugre, eran realmente asquerosos. Se dirigió directamente hacia nosotros y se presentó, su expresión era la de un niño ingenuo e ilusionado.

—Soy Pancho. Sentémonos en aquella mesa —ordenó señalando la que estaba en un rincón apartado.

Lo seguimos sin desprendernos de nuestras cervezas. Se sentó en la única silla que había en la mesa y con un leve gesto nos indicó que lo acompañáramos.

—¿Han pedido algo de comer? Les recomiendo los tacos de este sitio, son muy sabrosos.

120

—Ya hemos pedido tacos, pero no nos han servido aún —respondió mi amigo—. ¿Quiere que pidamos también para usted?

—No hace falta, el mesero me conoce bien.

Llegó el camarero con una gran botella de Coca-Cola para el Tarahumara y tacos para todos. El Tarahumara le dio un gran trago a su bebida y emitió un discreto eructo de satisfacción.

—Usted es Pancho. Pancho el Tarahumara. ¿Es usted tarahumara? —preguntó mi amigo mientras daba buena cuenta de su taco... y del mío.

—Pues sí. ¿Sabe algo de mi pueblo?

—Son un pueblo indígena que vive en las montañas de Chihuahua, en plena sierra Tarahumara. Son corredores de leyenda, míticos, incansables. Los corredores más resistentes del mundo. He oído hablar de la carrera tarahumara, una prueba anual muy dura y famosa.

—Así es —afirmó complacido.

—Perdone —interrumpió mi amigo—, voy a pedir más tacos. ¿Quiere?

—Sí, pida más.

—Como bien dice —continuó—, los tarahumaras somos los mejores corredores del mundo. Llevamos corriendo desde hace miles de años. Nuestro nombre es *raramuri*, que significa *los que corren*. Mi pueblo caza animales por puro agotamiento desde hace muchas generaciones. Los perseguimos en cuadrillas haciendo que den enormes rodeos. Vamos relevándonos unos a otros durante horas, hasta que los animales caen rendidos. Así, de generación en generación, hemos ido acostumbrándonos a las carreras de larga distancia. Corremos con poco oxígeno en la altitud de las grandes montañas de la Sierra Madre mexicana. Así se ha forjado una raza de *fierro*, puros superhéroes...

—¡Aquí están los tacos! —celebró mi amigo.

El Tarahumara se interrumpió un instante para comerse su taco, luego continuó.

—Como iba diciendo, somos los mejores corredores, pero se nos empezó a dejar de lado, como a todos los pueblos indígenas. Nos quitaron nuestras tierras y nuestros derechos. Nosotros no nos rendimos y empezamos a retar al mundo con la carrera tarahumara. Aunque corren muchos extranjeros, siempre la gana uno de los nuestros. Así es mi pueblo: aislado, abandonado a su suerte, pero con mucho orgullo. Con una resistencia única que extraña a los pinches científicos.

—¡Impresionante! —exclamó asombrado mi amigo—. Aunque había oído algo, no conocía bien su historia.

—Bueno, señores —zanjó el Tarahumara—, dejémonos de historia y tradición. No he venido a hablar de mi pueblo, sino a hablar de negocios. Según me han comentado, deben un favor a un amigo mío. Ese amigo mío me debe un favor. Yo fui a la escuela, fui un privilegiado porque la mayoría de los de mi pueblo no tienen acceso a la educación. Aprendí a hablar como ustedes, a vestir como ustedes, a razonar como ustedes. Luego me di cuenta de que era una impostura y volví a mis raíces. Lo malo es que sus enseñanzas calaron en mí y descubrí una serie de cosas que ya no he podido olvidar. Aprendí a ser malo, falso, avaricioso, a hacer trampas. También aprendí la lógica y las matemáticas, y aquí es a donde quería llegar. Le deben un favor a un amigo que me debe un favor a mí. Recuerdo que si A implica B y B implica C, A implica C. ¿Es eso correcto? Ustedes tienen la llave de la fórmula para que todos quedemos contentos y en paz. Llegados a este punto, lo que a ustedes les intrigará es saber lo que tienen que hacer exactamente. No deben preocuparse, es bien fácil, yo les indico.

Se quedó mirando a Antonio.

—Usted ya ha terminado su misión. Puede volver a su casa.

—¿Yo? ¿Ya?

—Sí. Ahorita. Nuestros planes no le incumben. Si se entera de algo tiene más probabilidades de morir. ¿Quiere que le hable de lo que aprendí de la probabilidad en la escuela? Hoy no tengo tiempo. Váyase y no se meta en líos. Si intenta cualquier cosa rara, morirán usted y su familia. Lo sabe. Rece para que los gachupines cumplan su labor, de otro modo usted pagará también por ellos.

Antonio se dirigió a la puerta desconcertado. Primero intentó salir rápido, luego dudó varias veces. Al final retrocedió y nos dio un cariñoso apretón de manos a cada uno. Se despidió de una forma muy sentida, fue una disculpa sin palabras.

—Suerte.

En cuanto empezó su explicación, el Tarahumara cambió totalmente el tono y la forma de expresarse. Pasó de hablar con pasión y vehemencia a usar un tono didáctico y monocorde. Su discurso se tornó académico y sin sentimiento, con frases poco naturales que parecían leídas y que no le pegaban en absoluto. La impresión que daba era la de estarnos repitiendo una lección aprendida de memoria, como un niño en la escuela.

—En el norte de Coahuila, haciendo frontera con Estados Unidos, hay un bello parque natural: Maderas del Carmen. Incluye una llanura semidesértica y un área montañosa con multitud de especies únicas. El parque natural abarca una enorme extensión. Una parte pertenece a Estados Unidos y la otra a México, con el río Bravo dividiendo ambas zonas. Aunque se encuentra vigilado por guardabosques, es difícil controlar una superficie tan amplia. No hay carreteras y la única forma de cruzarlo entero es a pie. Eso supone una locura, ya que se trata de atravesar áreas montañosas de difícil acceso y áreas semidesérticas donde uno puede morir fácilmente: serpientes, escorpiones, deshidratación, etcétera. La lista de peligros es muy larga. El plan es atravesar el río Bravo con reses y llevarlas a Estados Unidos. Hay multitud de vacas que pastan en las áreas más verdes del parque y están acabando con las zonas arbustivas de un ecosistema único. Se trata de ganado salvaje que escapó hace tiempo y se ha ido reproduciendo incontroladamente. El caso es que no siempre es fácil recuperar las reses del parque natural. El proyecto consiste en proteger la fauna silvestre autóctona eliminando esos animales sueltos. Los gringos tienen dinero para ocuparse de estas cosas y proteger la naturaleza, por eso son los que aportan el dinero para el proyecto. Nos pagarán por cabeza de ganado. Vamos a sacrificarlos en *Gringolandia*, tendremos que cruzar la frontera. Ustedes se harán pasar por científicos españoles que visitan el parque para realizar un proyecto sobre el efecto de la ganadería en la flora y la fauna locales. Si ven a investigadores europeos tendrá más credibilidad. Así somos por aquí, lo que viene de fuera es siempre mejor. A los extranjeros se les permite lo que a un mexicano nunca se le permitiría. Pinches complejos... En fin, tengo ya todos sus permisos preparados, solo necesito sus firmas.

Me quedé perplejo y no pude evitar decir lo que pensaba.

—¡Nosotros no somos científicos! ¿Lo que usted quiere es que crucemos la frontera de Estados Unidos con permisos falsos? Nos meterán en la cárcel. ¡Lo mismo incluso nos matan! —objeté sin poder ocultar mi miedo.

—No hay pedo, no lo vean todo tan complicado. Solo han de hacerse pasar por científicos. No hay nada realmente ilegal. Los guardabosques de ambas zonas y los de La Migra están al corriente del proyecto. Ustedes solo tienen que acompañarnos, cruzar la frontera y entregar las reses en la zona señalada. Luego ya es cosa nuestra.

Mi amigo se encogió de hombros, no teníamos más opciones. Se levantó y pidió un bolígrafo al camarero. Una vez firmados los permisos, el Tarahumara los recogió y se levantó de la mesa.

—Mañana tenemos un banquete, una gran comida antes de partir. Haremos carne de venado asada al carbón, es deliciosa —dijo relamiéndose—. Vendré a buscarlos a las doce. Quedamos en este mismo sitio.

Sin darnos tiempo a decir nada más, salió por la puerta. En ese instante vi cómo mi amigo escondía el bolígrafo en su bolsillo. Negué con la cabeza, estábamos metidos en un buen lío y el muy loco se dedicaba a robar bolígrafos.

Me hizo un guiño y sonrió con ilusión.

—Va a ser toda una aventura.

Vaya si lo fue.

Capítulo 14. Baja a comprobarlo

Quique Malo acababa de saltar desde la Roca de los Desaparecidos. Nos asomamos para ver si había caído bien y así era, quedaba un rastro de espuma blanca justo en el centro de la pequeña piscina. Él también había atinado. Lo siguiente fue repetir lo de la vez anterior: todos se giraron para verlo salir en el lado opuesto de la roca. Sin embargo, yo no me moví, consciente de que después me tocaba a mí. Me quedé solo en el punto de la roca desde el que se saltaba, haciendo respiraciones profundas e intentando prepararme para lo que me esperaba. El siguiente era yo. ¡Iba a tener que saltar! Me daba vértigo y pánico el simple hecho de asomarme.

Esperamos más y más. Por mi situación fui menos consciente del tiempo que pasaba, pero llegó un punto en que, extrañado por la tardanza, decidí unirme al resto y asomarme al otro lado de la roca. Esperamos con ansiedad, intentando atravesar el mar con las miradas para poder ver bajo su superficie. Volvió el terror. ¿Y si no salía? Pero si mi amigo había salido, Quique Malo tenía que salir. Debía lograrlo: era más alto, más fuerte y era Quique Malo, no podía fracasar.

Pasaron los minutos y no salía. Seguíamos esperando en silencio, expectantes. Cada segundo hacía daño. Nadie podía aguantar tanto sin respirar. Una angustia indescriptible se iba adueñando de todos nosotros. No salía.

—Lleva demasiado tiempo bajo el agua, nadie aguanta tanto, ha desaparecido —dije horrorizado.

—Cierra la boca, gilipollas. Quique Malo aguanta eso y mucho más —me respondió con ira contenida uno de los Malos.

Seguimos esperando. No salía. El tiempo pasaba y pasaba, estaba claro que ya no iba a aparecer. Todos lo sabíamos, pero nadie quería aceptarlo. Ninguno se atrevía a decir nada, como si el hecho de hablar rompiera definitivamente esa congelación del tiempo en la que habíamos quedado suspendidos. Abrir la boca supondría continuar con la película y entonces habría que admitir lo que no queríamos admitir. Nadie rompía el tenso silencio.

Finalmente, uno de los Malos se encaró con mi amigo y le gritó.

—¿Qué había ahí abajo, hijo de puta?

—Baja a comprobarlo.

No le respondieron. Todos permanecimos callados. ¡Quique Malo había desaparecido! Se había ahogado. Estaba muerto.

Era un cabrón que se había dedicado a atemorizarnos y a amargarnos la vida, pero no se había roto una pierna, no se había ido de viaje, no. Estábamos hablando de que había muerto y eso eran palabras mayores. Se trataba de una sensación rara y paralizante, no sabías muy bien cómo actuar, cómo sentirte. La angustia luchaba por ahogarte el corazón y casi podías oír tus pensamientos en voz alta.

Entonces, poco a poco, salió el egoísmo interno que todos llevamos dentro. La preocupación por las explicaciones que íbamos a tener que dar empezó a ser mayor que el pesar por Quique Malo. Incluso pensé que esa situación me eximía del salto. ¡Ya no tendría que saltar! Tuve unos instantes fugaces de tranquilidad tan breves como inapropiados.

Una vez más, la intervención de mi amigo resultó providencial. Con una sangre fría que me dejó atónito, tomó el mando de la situación.

—Nosotros nos vamos —afirmó con mucha seguridad—. Si nos preguntan, negaremos la mayor. Ni siquiera hemos estado aquí. Si queréis, podéis dar vosotros el aviso, porque es vuestro amigo. Si intentáis meternos en el asunto diciendo que estuvimos aquí, no vais a sacar nada en limpio. Lo mismo os buscáis más líos, podemos incriminaros en su muerte o hablar de drogas. No creáis que esta vez van a pasar por alto lo de la droga, estamos hablando de una muerte. Podemos complicarlo todo y siempre seremos más creíbles que vosotros: somos buenos chicos y en el pueblo lo saben. Además, sois mayores de edad y nosotros aún no. Así que podéis dar la versión que queráis, siempre que no nos metáis. No hemos tenido nada que ver en su muerte, ni siquiera estábamos aquí. Punto.

O los Malos estaban aún en un estado de conmoción o se quedaron meditando las palabras de mi amigo y pensando en lo que debían hacer. El caso fue que, por increíble que parezca, nos dejaron marchar sin decir nada.

El viaje de vuelta fue silencioso. Subía cabizbajo la pendiente que ascendía desde la playa de Los Ahogados hasta el monte. Iba inmerso en mis propios pensamientos y angustias, preocupaciones y miedos. Le daba vueltas a la cabeza sobre lo ocurrido, sobre las posibles consecuencias, sobre las reacciones que se producirían. ¿Intentarían vengarse los Malos por la muerte de Quique? ¿Cuál sería la reacción de la madre de Quique Malo? ¿Iría a por nosotros? ¿Se lo diría a nuestros padres? ¿Se lo diría a la policía? ¿Qué iban a decir nuestros padres si se enteraban? ¿Qué opinaría la policía sobre lo ocurrido? ¿Nos detendrían a todos? ¿Volvería Quique Malo desde otro lugar, u otro tiempo, para vengarse de nosotros?

Como si hubiera oído mis pensamientos, mi amigo se detuvo y me habló con determinación.

—Ya me has oído allí abajo. Quique Malo se ahogó. Nadie le obligó, nadie le empujó. Fue su idea y su reto. Punto. No tenemos ninguna responsabilidad en su muerte. Lo único que debemos agradecer es que haya muerto él y no uno de nosotros. Los Malos no van a meternos, te lo aseguro. Preferirán dar su versión sin hablar de nadie más. Si nos incriminan, diremos la verdad: nos retaron, nos amenazaron y me obligaron a saltar. Tenían drogas y navajas. Yo sobreviví y Quique Malo no. Así de fácil. Además, la marea está subiendo y pronto borrará toda huella de nuestra presencia en la playa. La única manera que tenemos de meternos en problemas es hacerlo nosotros mismos. Si nuestros padres se enteran de que hemos estado en la Roca de los Desaparecidos, no volveremos a salir de casa en todo el verano. Así que diremos que hemos pasado el día en la playa de La Garita, que está aquí al lado. Todo ha sido de lo más normal y no hemos visto a nadie en todo el día. ¿Entendido? Afirmé con la cabeza. El pacto estaba cerrado. El miedo al castigo superó a la angustia por la muerte de Quique Malo. Sin embargo, a mí me quedaba una duda. ¿Qué había visto mi amigo en la cueva? No había contado nada. La curiosidad era una pequeña lucecita encendida en mi cabeza. Un pequeño parpadeo en medio de la oscuridad, no lo suficientemente fuerte para llamar mi atención inmediata, pero sí lo suficientemente persistente para no quedar en el olvido. Aquel no era el momento para perderme en tales indagaciones; pensé que más tarde surgiría la ocasión propicia para sacar el asunto.

Capítulo 15. Cabeza de Vaca

Fuimos los primeros en llegar a la finca donde se iba a celebrar el banquete, aún era temprano. Aquel gran rancho situado en las afueras de la ciudad nos dejó muy impresionados, parecía amurallado. Estaba rodeado por una gran pared de piedra que se alzaba —aún más— en la entrada, formando un imponente marco. Bajo él, un par de enormes puertas de metal cerraban el paso. Delante de las puertas había dos hombres armados con fusiles de asalto AK-47 —«cuernos de chivo» fue como llamó el Tarahumara a esas armas—. Aquellos matones eran como en las películas: grandes, musculosos, con gafas oscuras y con el rifle de asalto. Una vez que nos identificamos, nos dejaron pasar, pero solo tras cachearnos y revisar todo el vehículo. Lo inspeccionaron a fondo, por dentro y por fuera, mirando debajo del coche con un artilugio consistente en un espejo pegado a una barra de metal.

Entramos. Nos sorprendió la elegante, refinada y lujosa casa, perfectamente pintada de blanco, que escondían aquellas murallas. Una preciosa buganvilla trepaba por una de las paredes para reposar sobre el amplio porche. Cerca de él, en una de sus esquinas, había una funcional parrilla con pinta de ser usada

133

frecuentemente. Delante, a unos pocos metros, una piscina de fondo azul turquesa y aguas transparentes invitaba al baño en aquel caluroso día. Un poco más allá se veía un ostentoso picadero con numerosos caballos de bello porte.

Nos sentamos en las sillas que estaban preparadas en el porche. Una camarera vestida de negro y blanco, con cofia, nos trajo unas cervezas. Entonces apareció él. Era regordete y bajito, con el pelo muy engominado y peinado hacia atrás. A primera vista, su cara parecía agradable y armoniosa; pero si te fijabas bien, tenía el aspecto ligeramente inexpresivo y artificial de quienes se han hecho operaciones de cirugía estética. Seguramente era bastante más viejo de lo que intentaba aparentar. Daba la impresión de ser muy presumido debido a su peinado, su operada cara y su vestimenta. Toda la ropa era de marca y estaba minuciosamente planchada, los zapatos brillaban relucientes. Sin embargo, tras toda esa imagen cuidada y agradable había algo que no daba buenas sensaciones.

Salió de la casa seguido por dos gigantes armados que no podían ser otra cosa que sus guardaespaldas y saludó con un gesto amable, pero sin llegar a darnos la mano. Mientras los guardaespaldas se quedaban a cierta distancia, él se encaminó directamente a la parrilla, a la que dedicó toda su atención. Se dirigió a nosotros mientras nos daba la espalda, sin molestarse en girarse para mirarnos.

—Mi nombre es Juan de Dios Cabeza de Vaca. Cuando se hacen brasas ha de encargarse uno mismo. La cantidad y el calor exacto son fundamentales para darle a la carne el punto justo. Luego está la edad del animal, su genética, su alimentación. Está también el corte de la carne y el tiempo que pasa desde que se sacrifica al animal. Un montón de minúsculos detalles que hacen que al final una carne sea regular, buena o sublime. ¿Les gusta cocinar?

—Mucho —respondió alegremente mi amigo—, pero soy vegetariano.

Cabeza de Vaca se volvió bruscamente y le lanzó una mirada de fuego que no se correspondía en nada con la primera impresión que daba. Aquel tipo rechoncho tenía un carácter y una furia desbordantes.

—Es broma —apuntó rápidamente mi amigo—. Soy más carnívoro que un ligre. ¿Sabe lo que es un ligre?

El señor Cabeza de Vaca pareció recuperar la calma y nos dio la espalda de nuevo.

—Ja, ja —rió sin ganas—. Muy bromista. ¿Qué es un ligre?

—Un ligre es un animal mitad león, mitad tigre. Cuando era pequeño lo vi en el circo. Lo anunciaban a bombo y platillo. Tenía melenas como el león y rayas como el tigre. Decían que había heredado la fiereza de ambos animales y que comía una barbaridad.

—Estudié veterinaria —dijo el señor Cabeza de Vaca—. Ese cruce se podría lograr, pero probablemente nacerían individuos estériles.

—¿Es usted veterinario?

—Sí. Mi padre tenía un rancho enorme y quiso que yo estudiara veterinaria. Me gustan los animales, especialmente a la parrilla —dijo riendo—. ¿Saben qué es lo que más recuerdo de los años en la facultad? Las enseñanzas de un profesor bien cabrón. En su primera clase práctica nos puso a todos en círculo y nos preguntó qué era lo más importante al tratar a un animal enfermo. Una chica respondió que curarlo, otro respondió que mejorar su bienestar, otro que aumentar la producción. El profesor lo tenía muy claro: «No. Lo más importante al tratar a un animal es que no te haga daño. El truco es fácil: se pone al dueño frente a la parte más peligrosa del animal. Por ejemplo, si es un animal que muerde —un perro—, la boca debe ir apuntando al dueño. Luego todo se explica de forma muy convincente: se le dice que es mejor que le vea la cara para que esté más tranquilo. Así te aseguras de no sufrir ningún daño. Además, al dueño, que adora a su animal, nunca le dolerá tanto como a ti».

»Eso es lo que me ha quedado de la licenciatura. Esa es la enseñanza más importante después de tantas horas de prácticas y estudios.

—¡Fascinante! —exclamó mi amigo con admiración—. ¿Quiere que le cuente una anécdota sobre un trabajo que tuve? Es lo más importante que aprendí y se me ha quedado grabado.

—Adelante, me encantan las buenas historias.

—Yo trabajaba en inversiones privadas. La gente que venía a verme era de dos tipos: gente puntillosa y gente rara. Al principio intentaba calmarlos y razonar con ellos, pero no siempre era posible. Llegó un momento en que me estaba afectando, llegaba a casa quemado. Entonces decidí pasar al contraataque. Inventé la *Parábola del Huerto de Tomates*. Cuando alguien me soltaba un rollo, yo le respondía metiendo un ejemplo, que me inventaba sobre la marcha, relacionado con lo que me había contado y con un huerto de tomates. Si me preguntaban sobre las cotizaciones de las acciones en Bolsa, decía: «Es como el que tiene un huerto de tomates, hay que regarlo todos los días...». Si me hablaban de que los beneficios de ciertas transacciones eran mejores que los de otras: «Es como el que tiene un huerto de tomates, unos crecen más rápido que otros...». Si me decían que deseaban disminuir las inversiones en un producto: «Es como el que tiene un huerto de tomates, si no gastas en agua ni abono, no te dará tomates *Cherry*...». Si un tipo me empezaba a contar que últimamente tenía una tos rara, una tía enferma o un coche nuevo, yo le decía: «Es como el que tiene un huerto de tomates...». Así fui devolviendo todas las locuras, los rollos o las broncas que recibía y con esos trucos me quedaba en paz. Lo consideraba un empate. Tú me sueltas tu mierda y yo te devuelvo el *Huerto de Tomates*.

—¡Magnífico! —aplaudió Cabeza de Vaca—. Es una idea estupenda. ¡Me encanta! Lo voy a empezar a aplicar en mis reuniones.

El dueño de la casa se moría de risa con mi amigo. Fue evidente que conectaron muy bien desde el principio. Ambos eran parecidos en su humor, en su seguridad en sí mismos y en su peculiar forma de ser.

Yo también me reí de buena gana. Recordaba lo del *Huerto de Tomates* de cuando éramos pequeños. Aunque siempre me había llamado la atención, nunca me había contado de qué iba la cosa. Lo que estaba claro es que no se lo había inventado para aquel trabajo del que había hablado —si es que había tenido aquel trabajo realmente—. Lo del *Huerto de Tomates* lo llevaba practicando desde niño.

—Mi padre fue muy duro en mi educación —continuó mi amigo.

—Aunque no conozco a su papá, seguro que el mío lo fue más. Éramos bastantes hermanos y la educación de los chicos fue espartana. Nos levantaba de madrugada para ir a cuidar a los animales, nos hacía cabalgar durante horas, perseguir reses y herrar caballos, comer poco y trabajar mucho. Éramos los hijos de un millonario y nuestra vida era más dura que la de los sirvientes de la casa, había que dar ejemplo. Jamás nos dejaba bañarnos con agua caliente, no pude hacerlo hasta que me fui a la universidad. Durante toda mi infancia me he estado bañando con agua fría. Teníamos que hacernos machos de verdad; eso imprime carácter, imprime fuerza. Si logras superarlo, sabes que puedes superar cualquier cosa.

—Mi vida no ha sido más fácil, se lo aseguro —repuso mi amigo—. Mi padre es muy similar al suyo, pasé una infancia durísima. Mi vida era una continua prueba, un continuo entrenamiento, me llevaron incluso a campamentos de militares y luchadores de élite. Comprendo perfectamente lo que me quiere decir. Le podría contar mil historias…

Se separaron del grupo y siguieron hablando y hablando durante horas, como si el resto no existiéramos. Se les veía cómplices, contentos, divertidos. En cambio, mi día fue bastante aburrido, nadie quiso hablar conmigo. Me evitaban. Tras un par de intentos lo di por imposible y comí apartado del resto. Estuve paseando y bebiendo, me dediqué a visitar el picadero y a observar los caballos para distraerme y no pensar en mis problemas. De vez en cuando miraba a mi amigo, él seguía encantado, hablando con el dueño del rancho como si no hubiera nada de lo que preocuparse.

Atardecía y llegó la hora de marchar, al día siguiente debíamos madrugar para iniciar el viaje hacia Maderas del Carmen. El señor Cabeza de Vaca nos despidió a todos con un leve saludo de cabeza. Sin embargo, a mi amigo le dio afectuosamente la mano. Ambos parecían tenerse gran estima, como si se conocieran de toda la vida.

—Si alguna vez necesitas algo, aquí me tienes. Lo digo de verdad, no es la típica frase superficial. Tienes mi palabra.

—Muchas gracias. Así lo haré —respondió mi amigo.

Alcanzar el corazón de Maderas del Carmen no es tarea fácil. Alejado de toda civilización, llegar hasta allí ya constituye en sí mismo una gran aventura. Montados en un todoterreno con Pancho el Tarahumara y un hábil conductor, atravesábamos muy lentamente aquella zona desértica. Una enorme extensión de terreno seco e inhóspito se abría ante nosotros. Recorríamos pistas de tierra, dejando detrás una estela de polvo que se perdía en la distancia. Miramos hacia atrás y solo vimos esa nube de polvo.

—Es una imagen casi alegórica, hemos quemado las naves y avanzamos hacia lo desconocido —dijo con sorna mi amigo.

139

Como el terreno era llano y monótono, parecía que no avanzábamos. Solo unas montañas en el horizonte, que se iban acercando muy lentamente, desmentían esa sensación de inmovilidad. Mi amigo me amenizaba el viaje con otra de sus teorías:

—No debes hablar de tu trabajo a no ser que sea para contar una anécdota de categoría. Cuando te tomas unas cañas con alguien, puedes escupirle, puedes pegarle, incluso puedes mearle encima, pero no puedes ser aburrido, tienes que aportar algo. Huyo de la gente aburrida, la que no aporta nada. La vida es breve, el tiempo es oro, no lo puedo malgastar con gente cansina. No alardees de la importancia de tu puesto, no me detalles las peleas con tus compañeros (a los que ni siquiera conozco), no me justifiques que mereces un ascenso, no te lamentes de lo dura que es tu jornada laboral, háblame de algo extraordinario, cuéntame algo gracioso o déjame en paz. No seas gris.

—No todo el mundo tiene un trabajo interesante; hay algunos realmente aburridos —objeté.

—No se trata del trabajo, sino de cómo lo afrontes. Conocí a un hombre con una tarea horrible: atender las reclamaciones de la gente. Aquel tipo abría el diccionario cada mañana y buscaba una palabra peculiar: *rinoplastia, grosella, ignífugo,* etcétera. Cuando le tocaba atender a una persona encolerizada, rara o aburrida, jugaba a meter la palabra elegida en la conversación. Cuantas más veces la metía, mejor puntuación lograba. Cuando su mujer le preguntaba por su jornada de trabajo, él nunca contaba que le habían echado diez broncas, decía que había metido la palabra *grosella* diez veces. Era un tipo muy divertido, realmente gracioso y ocurrente, una inspiración. Es la persona lo que determina que una vida sea triste o divertida. Nunca seas gris.

—Yo no soy especialmente divertido —respondí un poco resentido—. No suelo contar anécdotas graciosas ni muy interesantes.

—No es verdad. Tú tienes tu gracia. Tienes una seriedad graciosa. Es como si fingieras ser serio. Tu timidez te impide sacar todo lo bueno de ti. Por otro lado, encajas bien las bromas, eso también es una virtud muy escasa. A la gente le gusta hacer bromas, pero no suele encajarlas con la misma deportividad con la que las gasta. Nuestra amistad siempre se ha basado en lo mismo: tú eres bueno, responsable, y yo me dedico a molestarte y a llevarte al límite. Además, hay algo en ti que no he encontrado en nadie más: tienes un imán para atraer a la gente rara, a los locos y a los problemas más inesperados. Eso le da mucha vidilla a cualquiera y hace de tu amistad un tesoro. Nosotros nos complementamos. Alguien tenía que ser inteligente y buena persona y te tocó a ti. A mí solo me quedó ser gracioso.

—Sabes que eso no es así. Tú eres muy inteligente —dije sonriendo.

—Luego no soy buena persona, porque eso no lo has defendido.

—Depende…

—Muy gallego —respondió divertido.

El coche seguía avanzando lentamente. Cuando estuvimos más cerca, nos impresionaron las montañas. Formaban una gigantesca barrera con un marcado desnivel respecto a la planicie por la que avanzábamos. Llegamos al pie de aquella mole y nos dispusimos a subir por una ladera que parecía menos inclinada e inaccesible que el resto. Un serpenteante camino de cabras ascendía por aquel barranco cortado a pico.

Según íbamos subiendo, el camino se volvía cada vez más estrecho y empinado. La velocidad del todoterreno fue disminuyendo, hasta que, con la marcha reductora puesta, apenas avanzábamos más rápido que una persona a pie. La pericia del conductor era de alabar. Con la cabeza y medio cuerpo fuera del coche para contemplar por dónde se iba metiendo, continuaba conduciendo por un sitio por donde yo no habría metido ni una moto de montaña. El coche se inclinaba a uno y otro lado, como un buque a la deriva en una mar tempestuosa. Los numerosos surcos y piedras del estrecho camino lo hacían todo aún más complicado.

Solo nos quedaba una última curva y estaríamos en la cima, superado ya todo aquel cortado desnivel. Pensé que ya estaba hecho, pero menuda nos esperaba... En la curva, el camino se hacía tan estrecho que el todoterreno no cabía entero. Por el lado derecho había un enorme precipicio; por el izquierdo, una pared. La única forma de avanzar era pegándose a la pared, pero el paso parecía demasiado estrecho para el coche.

—No podemos pasar —protesté asustado.

—No se preocupen —dijo el conductor—, pasamos siempre por aquí. El Tarahumara se pondrá hacia mi lado. Ustedes dos —dijo dirigiéndose a nosotros— lo único que tienen que hacer es pegarse también a la zona contraria al precipicio. Siéntense uno encima del otro. Cargaremos todo el peso del *jeep* en el lado más alejado al vacío, así es más difícil que se desestabilice y caiga. De todas formas, abran completamente las ventanillas, si cayéramos podrían salir y evitarían despeñarse dentro del coche.

Yo estaba sentado en el asiento posterior derecho, en el lado del precipicio. Eché un vistazo hacia abajo y me quedé aterrado. «¿Qué ganamos si, al caer el coche, salimos por la ventanilla?», pensé. Lo único es que nos despeñaríamos *fuera* del coche en vez de *dentro*, pero la muerte sería igual de horrible. Aun así, abrí la dichosa ventanilla antes de sentarme encima de mi amigo. La tensión era evidente. El conductor pegó el coche a la pared tanto como pudo, hasta metió el espejo retrovisor para poder acercarlo aún más. Mientras una sensación de ingravidez y vértigo nos invadía, el todoterreno avanzó lentamente. No veía dónde se asentaban las ruedas del lado derecho, tenía la sensación de que no estaban del todo apoyadas en el suelo. Solo era capaz de ver el vacío que quedaba debajo. El coche rozaba con fuerza contra la pared, produciendo un chirrido sordo en su intento por arañar unos pocos milímetros. Era el ruido del que se aferra a la vida con garras de acero.

Llegó un momento en que la pared sobresalía un poco, unos centímetros que, inevitablemente, nos desplazaban aún más hacia el precipicio. Entonces, en ese último punto, el todoterreno vaciló y las ruedas que estaban asomadas al precipicio patinaron. Sentimos cómo rodaban sin lograr agarrarse hasta que vino el aterrador ruido del desprendimiento de piedras. Grandes pedruscos se destrozaron estallando en una interminable caída. El conductor dejó de acelerar y nos quedamos quietos. Notamos un vaivén lo suficientemente pronunciado para sentir que pendíamos en un delicado equilibrio. Nuestras vidas estaban siendo sopesadas en la balanza de muerte en que se había convertido el auto.

—Ni se muevan —susurró el conductor aterrado.

Capítulo 16. El entrenamiento

Volvíamos angustiados al pueblo tras la desaparición de Quique Malo. Mi amigo me propuso ir a dar una vuelta antes de volver a casa. A mí me aterraba enfrentarme a la mirada de mis padres, así que acepté. Nos fuimos a una zona tranquila: detrás de mi casa había un camino que llevaba a un pequeño descampado rodeado de árboles, el lugar perfecto para charlar. Nos sentamos allí y empezó a hablarme con tranquilidad.

—Tú conoces a mi padre, es un tipo con una personalidad muy fuerte, muy seguro de sí mismo. Es siempre un apoyo, una ayuda, pero mi padre no siempre fue así. Yo nunca conocí a mis abuelos paternos ni a mi tío, el hermano de mi padre. Mi tío murió cuando era joven. Fue en un accidente, no sé bien cómo ocurrió. Al morir mi tío, mi abuela entró en una gran depresión y terminó suicidándose. Mi abuelo no pudo superar las muertes de su hijo y su mujer. Falleció poco después, todo el mundo dice que fue de pena. En resumen: mi padre se quedó solo. Tenía dieciocho años, el mundo se le vino encima y tocó fondo. Un día subió al tejado para tirarse y acabar con tanto sufrimiento. Cuando estaba en la azotea, balanceándose ante el vacío, de repente un sentimiento de cólera invadió su cuerpo. La ira fue de su pecho a su cabeza, de sus hombros a sus puños. En ese instante entre la vida y la muerte, vio claramente que todos lo habían abandonado a su suerte y que él iba a vivir. El resto habían sido blandos y egoístas, lo habían dejado solo y eso no era justo. A su hermano le había matado un accidente, al resto los había matado su mente, su propia debilidad. Él no iba a ser igual, él iba a sobrevivir y no volvería a ser débil nunca más. Las cosas suceden, los acontecimientos se producen y no se pueden cambiar, lo único que puedes hacer es decidir cómo los vas a aceptar. O entierras a tus fantasmas o son ellos los que te entierran a ti. A partir de entonces se dedicó a fortalecer su carácter, a ponerse continuamente a prueba. El objetivo era simple: hacerse totalmente inmune a la presión psicológica, al desaliento, a la angustia, a la tristeza y a la autocompasión. Empezó a observar que la gente flaquea ante las jugadas de la mente. Eso fortaleció su determinación. Se subestima el poder de una mente recia, imperturbable y eficaz, independiente de los problemas que la rodean. La mente controla al cuerpo y el triunfo de la primera sobre el segundo ha de ser constante. Es más, la mente ha de estar lo suficientemente capacitada para frenarse cuando intenta desestabilizarse a sí misma. Si logras controlar eso, no solo serás más feliz, sino que tendrás un arma muy valiosa para enfrentarte al mundo. Si lo logras dominar, no solo podrás superar la adversidad, sino contrarrestar un machaque psicológico, contraatacar. Una mentalidad imperturbable guiando a un cuerpo obediente. No se trata de crear un tipo musculoso, sino decidido y seguro.

Se trata de algo más psicológico que físico. ¿Lo entiendes?

No supe qué decir, solo asentí. Entonces continuó.

—Este rollo que te acabo de soltar me lo repetía mi padre desde pequeño, me lo sé de memoria. Con esta filosofía nos educó a mis hermanos y a mí. Siguiendo esa doctrina nos entrenó mañana, tarde y noche. Las pruebas eran continuas. Una de ellas consistía en que yo me tumbaba boca arriba y mis hermanos se tumbaban encima de mí. Con todo su peso encima, sentía que me aplastaban, que me ahogaba, que no me llegaba el aire. Si lloraba y me angustiaba la cosa iba a peor. Debía controlar el pánico y el agobio. Debía relajarme y empezar a respirar despacio, pausadamente, con respiraciones lentas y profundas. Cuando era capaz de controlarlo ya no me ahogaba. Entonces se levantaban. Prueba superada. Había superado el miedo y la angustia. Otra prueba trataba sobre vencer la mentalidad de grupo. Mi padre se aliaba con mis hermanos y cambiaban los vasos de un armario a otro en la cocina. Los ponían en un sitio distinto del habitual. Al preguntarles dónde estaban los vasos, me decían que estaban donde siempre. Yo decía que no, pero él preguntaba al resto y me respondían que estaban donde habían estado siempre. Todos muy serios y seguros, terminaban haciéndote dudar. Eso no podía ser. Si aceptabas su versión, los volvían a cambiar al día siguiente. Debías mantenerte firme para superar la prueba. Otras veces acordaba con mis hermanos decirme que tenía el pelo raro. Todos te miraban el pelo cada vez que se cruzaban contigo. Así durante todo un día. Tú debías ignorarlo y parecer indiferente. También había pruebas de negociación.

147

Te contradecía en algo que deseabas. Convertía tu vida en un infierno mientras no aceptaras voluntariamente su postura. Finalmente se sentaba contigo, era cariñoso y te ponía un gran plato de tu comida favorita. Mientras terminabas de comer, intentaba llevarte de nuevo a su postura. Debías negarte de nuevo. Si aceptabas, habías caído en su trampa y mostrado tu debilidad, entonces empezaba a defender lo que antes tú defendías y él atacaba. Vuelta a empezar. A veces nos hacía contarle lo que habíamos hecho durante el día y nos obligaba a meter en la historia una pequeña mentira. Se trataba de detectar esa mentira y diferenciarla del resto. Eran sus enseñanzas sobre el lenguaje corporal. Al final de cada lección siempre nos explicaba los mecanismos y trucos, los métodos y razones de cada prueba, las distintas actuaciones y sus explicaciones. Así fuimos aprendiendo, desde muy pequeños, técnicas de negociación, de lenguaje corporal, de control del miedo, la angustia, la ira y el sufrimiento. Aprendimos a ser fuertes, a ignorar la presión, a percibir la mentira, a manipular la mente. Aprendimos a encontrar la debilidad y el miedo ajenos, a ocultar nuestras propias debilidades. Mi padre no está bien de la cabeza, las he pasado canutas. Una cosa es contarlo y otra sufrirlo. Solo te he puesto algunos ejemplos; había miles de pruebas distintas, a cuál más dura. Nadie sabe nada de esto que te estoy contando porque él nos obliga a mantener lo que denomina «el Secreto». Nos dice que es para evitar que la gente conozca nuestros «poderes». Es mentira. En realidad es porque sabe que si se conocieran sus métodos, él terminaría en la cárcel. Algún día te contaré lo de Tailandia y el muay thai, o lo de Melilla y la legión. Ahora ya está hecho y no le guardo rencor. No lo repetiría, el proceso para tener superpoderes es demasiado doloroso. Es tan duro que, incluso una vez que los tienes, no puedes decir que valga realmente la pena. Pero los tienes, eso es un hecho. Si no piensas en el pasado, no cabe duda de que el tenerlos mola. Él mismo me enseñó a no lamentarme. Además, y esto es también importante, en muchas ocasiones sus consejos y entrenamientos me han sido de mucha ayuda. Hoy, desde luego, me han salvado la vida.

Cuando terminó de hablar, nos dimos cuenta de que se había hecho demasiado tarde. De repente me sentí muerto de frío y cansancio, demasiadas emociones para un solo día. Nos despedimos rápidamente. En cuanto dejé de verlo, salí corriendo. Llegaba tardísimo a casa y me iban a matar. La angustia me invadía y las punzadas de todo lo acumulado me repiqueteaban en el cerebro. La muerte de Quique Malo, las locuras del padre de mi amigo... ¡Encima llegaba tarde a casa! Mis padres estarían preocupados, me iba a caer una buena bronca y un montón de preguntas a las que no quería responder.

Cuando llegué a casa las cosas ocurrieron justo como esperaba. Mis padres estaban esperándome en el salón, sentados cada uno en su sillón. Intenté aparentar normalidad y tranquilidad, pero aún estaba jadeante por la carrera y acongojado por el miedo. Me quedé quieto en el medio del salón. Sus caras estaban serias. Dejaron de leer los libros que tenían abiertos y me hicieron un escáner completo, de abajo arriba.

—Llegas muy tarde. ¡Estábamos preocupados!

—¿Dónde te has metido todo el día? ¡Tú te crees que vives en una fonda! ¡Te vas a las nueve de la mañana y no apareces hasta las once de la noche!

—Fuimos a la playa a asar chorizos… —respondí con timidez.

—¿Has estado hasta las once en la playa? ¿A qué playa fuiste?

—Al volver de la playa nos fuimos por ahí a merendar lo que nos sobró de la comida…

—¿Dónde es *por ahí*? ¿Con quién? ¿Por qué no pasaste antes por casa?

—Nos pusimos a hablar y se hizo tarde… Creí que terminaríamos antes, por eso no avisé. Lo siento…

—Como no habéis tenido tiempo de hablar en todo el día y como mañana no os vais a volver a ver, era necesario quedaros hablando hasta las once. ¡Pero si os veis diez horas al día, todos los santos días! ¿De qué era tan importante que hablarais?

—De nada… Chorradas nuestras… De pesca…

—Pues te vas a quedar mañana en casa, todo el día sin salir, para que pienses en tus chorradas, en el mar y en los peces.

No quería más problemas, así que asumí el castigo sin ni siquiera intentar defenderme. Había contestado lo justo y había evitado la pregunta que quería evitar. Solo deseaba meterme en la cama.

—Tienes mala cara. ¿Te ha pasado algo?

—No. Solo es que tengo frío.

—¡Claro! Os quedáis en bañador hasta tan tarde y pasa lo que pasa.

150

Me estaba dando la vuelta cuando sonó la maldita pregunta, la que quería evitar a toda costa.

—¿Y a qué playa fuisteis?

—¿Cómo?

—Que a qué playa fuiiiiiiiiiiiisteis.

—Ehhhh, fuimos a la de La Garita —dije mientras me alejaba.

—¿No ibais a ir a la de Los Ahogados?

—Sí..., pero... cambiamos de idea —murmuré sin darme la vuelta.

Me alejé rápidamente. Me encerré en el baño y me di una larga ducha con el agua hirviendo. Todo se amontonaba en mi cabeza. Yo era imbécil. Por haber llegado tarde, en el interrogatorio había salido a la luz lo de la playa, que de otra manera podría haber pasado desapercibido.

Cuando salí del baño me encontraba francamente mal. Me fui directamente a la cama. Pese al agua caliente, aún tenía frío, mucho frío. Le eché a mi cama una manta por encima, me metí dentro, me tapé hasta las orejas y me acurruqué. Aunque deseaba dormir, tardé en hacerlo; le daba vueltas a todo lo que había pasado durante el día. Intentaba analizar cada hecho y sus consecuencias, pensaba en cómo solucionar cada nuevo problema que se me ocurría. ¿Y si nos delataban los Malos? ¿Y si Quique Malo no había muerto? ¿Y si se lo decían a mis padres?

La noche fue horrible, tuve fiebre y pesadillas.

Al día siguiente me encontraba fatal, así que me quedé en la cama. La fiebre me duró varios días. Las pesadillas continuaron. En los pocos momentos en que me bajaba la fiebre, las vueltas que le daba al asunto hacían que empeorara de nuevo. Soñé con ahogados flotando en aguas oscuras, iluminados por luces espectrales. En mis pesadillas me ahogaba y viajaba sin fin por el inframundo.

En cuanto empecé a sentirme mejor, comenzaron a corroerme las dudas. Por culpa de mi enfermedad no sabía nada de lo ocurrido fuera de mis paredes. No sabía qué había sucedido con la desaparición de Quique Malo, no sabía lo que la policía andaría indagando, no sabía si alguno se había ido de la lengua, no sabía qué estarían planeando los Malos para vengarse. ¡No sabía nada de nada! Por eso, cuando sonó el timbre de mi casa y pude oír a mi madre hablando con mi amigo, sentí a la vez miedo y alegría. ¡Por fin iba a enterarme de algo!

Entraron juntos en el cuarto. Mi madre no se pudo contener y aprovechó para incluirle a él también en la regañina por haber llegado tarde el día que enfermé.

—Aquí lo tienes: en la cama con fiebre desde hace varios días. Os parecerán bonito los disgustos que nos dais. Sois ya muy mayorcitos. Queréis que confiemos en vosotros y luego no sois responsables. Llegáis tarde y sin avisar, os quedáis mojados después de ir a la playa, os enfriáis y os ponéis malos. ¿Y quién lo sufre? Vuestros padres, que tienen que quedarse encerrados en casa cuidando de vosotros.

—Es como el que tiene un huerto de tomates —replicó mi amigo.

—¿Cómo? —preguntó mi madre algo irritada.

—Sí. Es como el que tiene un huerto de tomates. Si lo riegas mucho, se pudre la planta y no da tomates. Si lo riegas poco, la planta se seca y tampoco da tomates. Es decir, que debemos aprender a aportar la cantidad justa, y eso lleva un tiempo. Nosotros tenemos que cuidar el huerto de tomates. Ustedes, nuestros padres, nos lo han dado en perfecto estado y esperan que nosotros estemos a la altura, pero somos torpes e inexpertos. Aprendemos a golpes, le aseguro que esta vez hemos aprendido la lección. No volveremos a llegar tarde. Se lo prometo.

Mi amigo había adoptado una pose de profunda sumisión y pena, de sincero arrepentimiento. Sus ojos, muy abiertos, parecían a punto de emocionarse. Sus brazos, extendidos, parecían demandar un abrazo. Mi madre lo miró unos instantes, con detenimiento. Primero creyó que estaba tomándole el pelo; luego, durante unos segundos, dudó; finalmente pensó que estaba siendo sincero. «Es un poco raro, pero el pobrecito parece arrepentido», diría que pensó.

—Bueno, chicos, os voy a dejar solos. Aprovecho para bajar a comprar. En media hora vuelvo. Portaos bien.

Ambos asentimos.

En cuanto mi madre salió del cuarto, mi amigo me guiñó un ojo, sonriente. Eso me confortó un poco y me dio tranquilidad, a la espera de poder saber más de lo ocurrido. No podíamos hablar aún de los asuntos pendientes, ya que mi madre seguía en casa recogiendo las últimas cosas y sacando el carrito de la compra.

Mi amigo empezó a hablar.

—Ayer me encontré con unos amigos que venían del cine. La película les encantó, aunque ahora mismo no recuerdo el nombre. Trataba de una pareja que se conocía en un restaurante. Los dos habían quedado con alguien, pero sus respectivas parejas no aparecieron. La cosa es que, al final, cenan juntos y se lo pasan muy bien, pero no pueden ser novios porque él está a punto de casarse con su novia de toda la vida (que es muy mala persona) y ella también tiene un novio (que es peor persona aún). Al final, justo antes de casarse, ambos abandonan a sus parejas y se encuentran de nuevo en el restaurante donde se conocieron. Allí mismo hay un cura comiendo, que es el que oficia la boda... Tiene muy buena pinta, en cuanto te pongas bueno podríamos ir a verla.

Le miré extrañado. ¡Menuda mierda de película! ¡Encima me había contado el final!

Mi madre seguía en casa. Mi amigo me miró y sonrió con picardía.

—¿Sabes lo que es HPH?

—No —respondí.

—Es «Hablar Por Hablar». Es lo que se hace en estos casos para ocupar el tiempo y aportar normalidad. Quieres que la gente te vea hablando tan tranquilo, así creen que no estás nervioso ni tramas nada. Lo haces sin prestar atención, hablas sin pensar en lo que dices. Incluso puedes hacer preguntas, no importan las respuestas.

—Vale, déjate de rollos —ordené al oír que mi madre cerraba la puerta de casa—. Cuéntame qué ha pasado estos días.

—Bueno, bueno, ahora no me vengas con prisas. Parece que el hombretón ha tenido tanto miedo que ha decidido esconderse en su madriguera, quitándose del medio y dejando que el resto le saquemos las castañas del fuego.

—He estado malo. No ha sido una excusa, no me lo he inventado. He tenido fiebre muy alta, debí de enfriarme cuando nos quedamos hablando.

—Te creo —me dijo tras mirarme fijamente a los ojos con detenimiento.

—¿Me lo vas a contar o qué? Mi madre no va a tardar mucho en volver. Y no me vengas con una de tus historias largas, vete al grano por una vez y dame un titular, ¡joder!

—Está bien, ya va, ya va. Te lo resumo todo lo que pueda. Al día siguiente de lo de... ya sabes, lo primero que hice fue salir a dar una vuelta en bici. Pasé por la puerta del cuartel de la Guardia Civil y no noté nada raro. Anduve por todo el pueblo y no encontré a ninguno de los Malos. Como no quería pensar en nada, ni encontrarme con nadie, me fui a pescar. Al mediodía, cuando volvía a casa a comer, vi a uno de los Malos. Me miró de reojo y no me dijo nada. Noté, eso sí, que estaba asustado e inseguro. Me limité a saludarlo con un ligero movimiento de cabeza, él hizo lo mismo. Por la tarde tampoco pasó nada, en este pueblo se habría sabido enseguida. Así transcurrieron dos días más, con tranquilidad aparente, sin ninguna novedad. Al tercer día, estando en la tienda de ultramarinos, oí hablar a Paqui la de Ramallos. Esa vieja, que es una cotilla profesional, estaba hablando sobre Quique Malo con otra vieja. Te lo traduzco, porque ya

155

sabes que habla un gallego muy cerrado, —dijo con sorna—:

Ya ves lo que se dice del hijo de la Reme. Lleva unos días sin aparecer... Nunca fue trigo limpio... Andaba muy metido en las drogas... Que cuando en eso te metes... Malo, muy malo... Que mucho dinero hizo... Y andaba presumiendo por el pueblo con ese cochazo deportivo. ¡Él con un deportivo! Cuando en su casa nunca tuvieron un duro... El padre era marinero, pero le empezó a dar a la bebida y al juego. Dicen que perdió la barca en una apuesta. Entonces se metió a barrendero. Al chiquillo le hacían la vida imposible desde muy crío. Se avergonzaba de que su padre fuera barrendero. Un día el padre no lo aguantó más y se fue. La madre dijo que se lo llevaron por la fuerza, que debía dinero, pero a mí me da que fue una excusa para no decir la verdad: que los abandonó a ella y al crío... Y no hablo por hablar, que tampoco denunció su desaparición... Nunca más se volvió a saber de él... La madre quedó sola para cuidar del niño. El niño le salió rebelde y vino lo de la droga y vinieron las malas compañías... y así ha acabado: desaparecido, como el padre... La pobre Reme... Abandonada por partida doble. Qué lástima. Que te tiras la vida trabajando y aguantando al marido borracho y al hijo camello, y así te lo agradecen... ¿Lo denunciará esta vez? Porque a mí me da que esta vez sí que lo han matado... Te lo digo sinceramente. Que igual que lo del padre sonó a fuga, lo del hijo se me hace raro. Aquí tenía los amigos, los contactos, y conocía la ría. Un niñato como él fuera de aquí no aguanta, es como un pez que sacas del agua... Se lo meriendan en dos minutos. Y los de la droga no se andan con bromas... Que la gente ni habla de ello, no se atreven...

—¡Joder! —interrumpí enfadado—. Te he dicho que vayas al grano, que te dejes de rodeos. ¡Cuéntame de una vez lo que ha pasado!

—Te lo estoy contando. Si no me interrumpes tardo menos. El caso es que no han encontrado aún a Quique Malo. Ha desaparecido.

—¿No lo han encontrado? ¡Eso es imposible! ¡Tiene que estar allí!

—¿Allí? ¿Dónde es *allí*? Allí, en la Roca de los Desaparecidos, solo nosotros sabemos que está. El resto no lo sabe y no han buscado *allí*. En fin, es mejor que te lo cuente poco a poco, en cuanto avanzo de golpe me interrumpes y es peor.

Parecía estar disfrutando con mi angustia. El muy cabrón me miraba y sonreía, con la frialdad del que tiene al pez dentro de la barca y sabe que no puede escapar. Justo entonces entró mi madre por la puerta. Odié a mi amigo por ser tan pesado contando las cosas, por ser tan deliberadamente lento y por no haberme contado todo lo que sabía —se supone que algo más debía saber—. Le maldije: con su parsimonia habíamos perdido un tiempo precioso y la oportunidad de hablar.

Mi amigo se despidió. Tampoco tenía sentido el HPH con tantos asuntos pendientes. Me quedé más intrigado, más asustado y más inquieto que antes de su llegada. Con amigos como él, ¿para qué quería enemigos?

Una vez más, no dormí en toda la noche.

Capítulo 17. El Legionario. Río Bravo

En medio de aquel parque natural nadie iba a venir a rescatarnos. Estábamos atrapados en el todoterreno, al borde de un precipicio. El coche hacía equilibrio, a punto de caer. No podíamos salir por las ventanillas del lado de dentro porque estábamos totalmente pegados a la pared. Por las ventanillas de fuera era imposible salir, pues caeríamos al precipicio. Permanecimos mudos, conteniendo la respiración, como si el solo hecho de respirar pudiese desequilibrar la peligrosa balanza de muerte en que se había convertido el coche.

—Rompe la luna de detrás, nosotros saldremos por ahí —dijo mi amigo—. Ellos tendrán que romper la de delante.

Romper la luna de un coche no es tan fácil como parece, sobre todo si has de hacerlo sin moverte para evitar desestabilizarlo. La golpeé con el mango del cuchillo que me pasó mi amigo. Por suerte, el mango terminaba en una base metálica y, tras varios intentos, la luna cedió.

Yo estaba sentado encima, así que fui el primero en salir. El coche se movió y caí al suelo de cabeza. ¡Estaba fuera! A continuación, mi amigo les pasó el cuchillo a los de delante. El Tarahumara rompió la luna delantera y salió gateando por el capó. El coche se volvió a balancear, esta vez de una forma más pronunciada, hasta que se desequilibró definitivamente. Mi amigo se impulsó y, de un gran salto, logró salir un segundo antes de que se despeñara. El conductor no fue tan ágil ni tan rápido. Al principio oímos un grito horrible, luego ya solo se oyó el sonido del vehículo rebotando en las rocas. Cuando por fin llegó al fondo del precipicio y se detuvo, el coche estaba totalmente destrozado.

Mi amigo miró al *jeep* destartalado y exclamó:

—¡Oooopa! Le ha faltado un pelo.

El Tarahumara seguía mirando al *jeep* reventado.

—Nadie puede sobrevivir a eso. Tenemos que seguir y llegar hasta el poblado, aún nos queda una larga marcha a pie. Tienen que enseñarme todo lo que se ha salvado, lo que llevan en los bolsillos puede ayudarnos.

Hicimos un recuento de lo que teníamos. Aparte del cuchillo con el que habíamos roto el cristal, que había quedado finalmente en manos del Tarahumara, solo disponíamos de carteras, llaves, cinturones y unas monedas. Ni gota de agua ni de alimento, todo se había perdido en el fondo del barranco.

—Nos ha hablado de un poblado. ¿Está lejos?

—No. Yo podría llegar mañana por la mañana. Lo malo es la falta de agua, ustedes no están acostumbrados... Bueno, no perdamos más tiempo. Algo haremos. Síganme.

Empezó a andar a toda velocidad, sin esperarnos. Nosotros nos miramos y nos pusimos a seguirlo rápidamente, antes de que se alejara más.

Al principio no me pareció difícil. Intenté ir a mi propio ritmo para no desfondarme y evitar que se repitiera lo que me había pasado con el sobrino de doña Toña cuando lo del peyote. Pese a todo, al cabo de un rato empecé a quedarme atrás. Resoplé, era imposible seguirlos. Se alejaban cada vez más, así que silbé con fuerza para llamar su atención y logré que se pararan a esperarme.

—No aguanto este ritmo. No tenemos agua y sudo mucho. Me estoy deshidratando —dije jadeante.

—Tenemos que seguir. En cuanto avancemos un poco más, llegaremos a una zona donde puedo conseguir agua.

La promesa del agua me dio nuevas fuerzas y reanudé la marcha con ímpetu. Lo malo es que no me duró mucho y me volvieron a dejar atrás al poco tiempo. Creo que llevábamos andando unas cuatro horas cuando se detuvieron por primera vez. Estaban al lado de unos cactus. El Tarahumara realizó un corte en uno de ellos y nos dio de beber. Estaba bastante malo, pero tenía los labios resecos, la lengua pastosa y la garganta ardiendo, así que me lo bebí sin protestar. Una vez que terminamos de beber, nos ordenó descansar.

—Espérenme aquí quietos. El sol ya está bajo, no falta mucho para que anochezca. Túmbense y busquen un poco de sombra, los cactus pueden servirles de ayuda. No se muevan. Esperaremos a que anochezca para empezar a caminar.

Nos dejó descansando y se fue a inspeccionar los alrededores. En cuanto se alejó, aproveché para hablar con mi amigo.

—¿Cómo coño haces para aguantar el ritmo de ese tipo?

—¿Nunca te hablé de Tailandia?

—No.

—Mi padre me envió a Tailandia cuando era pequeño. Fui a un campo de entrenamiento para luchadores de élite. Nos levantaban a las cinco y media de la madrugada. Teníamos que ir a correr durante horas antes de desayunar. Más tarde recibíamos instrucción: continuas series de abdominales, flexiones, patadas a cañas para endurecer las espinillas, sesiones de comba agotadoras, luchas entre nosotros... Entrenar, entrenar y entrenar. Todo el día era un entrenamiento continuo. Apenas comíamos. Era el único occidental en el campamento. Era un entrenamiento impensable para alguien nacido fuera de allí, ningún europeo lo habría soportado. Ni siquiera todos los tailandeses eran capaces de aguantarlo. A mi padre le gusta la historia, le encanta Esparta. Me metió allí porque creía que ese campo de entrenamiento era lo más parecido a la *agogé*, el sistema de educación espartano, donde los chicos eran apartados de sus familias para entrenar, luchar y endurecerse...

Mi amigo interrumpió su charla, el Tarahumara estaba de vuelta, traía algo en la mano. El sol se puso y las sombras inundaron el desierto definitivamente.

—Tómense esto. Les ayudará a reponer fuerzas y a correr más rápido.

«¿Apenas puedo andar y este tipo me habla de correr? ¿Está loco?», pensé.

Cuando nos lo dio, vimos que era peyote.

—¿Peyote?

—¿Lo conocen?

—Alguna experiencia hemos tenido...

—Bueno, pues entonces ya saben. Mastíquenlo bien y cómanselo.

Nos comimos tres gajos, uno detrás de otro. Íbamos a por el cuarto cuando nos detuvo de una forma muy brusca.

—No coman más. Es solo para que les dé fuerza.

Esperamos un rato, en silencio. Yo estaba demasiado exhausto para hablar.

—Cierren los ojos. ¿Qué ven? —preguntó, por fin, el Tarahumara.

Cerré los ojos y vi luces brillantes.

—¿Lo ves? —pregunté a mi amigo.

—Sí —me respondió—. Yo también lo veo.

—Entonces ya están preparados. Vamos a correr. Empiecen despacio. Síganme.

Empezamos a correr. Al principio me costó porque tenía frío y estaba algo mareado, con unas ligeras náuseas. Al poco tiempo todo cambió: se fueron el frío, la sed y el hambre. La sensación corporal desapareció, llevándose el cansancio. Mi cuerpo dejó de pesar y noté cómo una desbordante energía inagotable llenaba mis piernas. No sentía dolor alguno. Estaba pletórico y podía correr durante horas sin detenerme. Ya no me rezagaba. Íbamos los tres en línea, más por causa del orden que por la falta de fuerzas. El Tarahumara iba un par de pasos delante, luego iba yo, mi amigo cerraba la marcha. Mis ojos eran capaces de ver perfectamente con la luz de la luna. Mis sentidos estaban agudizados. Era capaz de captar los cactus y las rocas antes de lo que imaginaba, como si presintiera por dónde iban a aparecer. Los esquivaba con una agilidad sorprendente. Mi respiración era regular y calmada, con un sonido interno que marcaba el ritmo y me tranquilizaba.

Aunque la marcha duró mucho tiempo, yo ni lo noté. Estaba a gusto, estaba feliz. Cuando me quise dar cuenta ya amanecía, sentí los rayos de sol y todo me pareció hermoso. El sol, grande y confortable, se alzaba majestuoso en el desierto. Me pareció tan bello que me emocioné, y una lágrima asomó por el ángulo de mi ojo. La velocidad que imprimían mis piernas a la carrera hizo que la lágrima se escurriera por mi mejilla y volara al viento. Miré hacia atrás y vi cómo se perdía en la distancia. Los rayos de sol la iluminaron y pude ver, por un instante, el arco iris en su interior. El mundo era un lugar calmado y agradable, todas las criaturas se amaban. Desde la distancia, vi las casas de adobe que conformaban el pueblo. Se acercaban a toda velocidad.

Al poco tiempo habíamos llegado. Paramos a unos pocos metros de la primera casa que encontramos.

—Hemos llegado.

—Quiero seguir corriendo —protesté—. Todavía no estoy cansado. Estoy disfrutando tanto que no quiero parar.

drug - peyote

—No puedes. Tienes que detenerte y beber agua, o morirás.

—No me importaría morir y unirme a este desierto tan maravilloso.

Mi amigo me agarró por los hombros y se puso muy serio.

—Hay que beber.

Les hice caso, no había otro remedio. Nos fuimos a una de las casas y entramos. El dueño nos dio de beber leche recién ordeñada. No tenía mucha sed, pero sentí que entraba en mi cuerpo con facilidad. Estaba tibia. Sentí su recorrido por mi interior. Me bebí un litro entero. Luego otro.

—Ahora váyanse a la ducha. Eso hará que se les terminen de pasar los efectos.

—¿No podemos esperar un rato? Estoy feliz así.

—En el desierto hay que ducharse por la mañana temprano. Si esperan, el sol calentará las tuberías que sacan el agua del pozo y no podrán hacerlo, estará hirviendo.

Al mediodía, la mayoría de los efectos del peyote ya se habían disipado y fui capaz de comer un poco de carne. Después de descansar un rato, estábamos preparados para recibir instrucciones sobre lo que debíamos hacer. Me sentía fuerte y relativamente tranquilo. Falta me iba a hacer…

Una vez recuperados, nos dimos un paseo por las cuatro casas de adobe del poblado. El Tarahumara nos presentó a la poca gente que vivía allí, todos fugitivos, huidos de la ley. El pueblo estaba lejos de todos

165

lados, pero a solo a unos pocos kilómetros del río Bravo, así que si alguien iba al caserío, debía hacerlo a través de las pequeñas pistas de tierra del desierto: despacio y levantando mucho polvo. Siempre veían a la gente acercarse con tiempo suficiente para cruzar la frontera y ser intocables. Además, ¿quién iba a ir allí a buscarlos? Ni el presupuesto ni las ganas de la policía mexicana daban para tanto. Por todo ello, el poblado tenía una situación privilegiada para todo aquel que quisiera esconderse de la justicia.

—¿De qué vive esta gente todo el año?

—Trapicheos fundamentalmente, la frontera está muy cerca y es muy tentadora. También trabajan como bomberos forestales en Estados Unidos cuando hay incendios al otro lado del río. Incluso hay algún pastor. Hay un hombre que vive permanentemente en el desierto cuidando de un rebaño de cabras. Solo tiene sus animales, un barril de agua y una lona. Viene al pueblo cada varios meses, deja aquí las cabras y se va un par de días a la ciudad más cercana. Allí se emborracha, se coge un par de putas y luego regresa a su amado desierto, así es él.

Observé a la gente del poblado, tenían pinta de duros de verdad. Eran todos secos y parcos en palabras, como si el desierto les hubiera enseñado que no se deben malgastar energías, ni saliva, sin un motivo importante. El sol les había resecado las gargantas y los sentimientos; había endurecido y curtido sus almas y sus miradas. Pantalones vaqueros raídos por el uso, piernas arqueadas, botas altas y camisas polvorientas. Tipos duros, capaces de hacer cualquier cosa para sobrevivir.

Cuando nos quedamos a solas con el Tarahumara, mi amigo afrontó lo que nos estábamos preguntando.

—¿Y ahora qué? ¿Cuál es el plan?

El Tarahumara nos respondió mientras miraba al horizonte.

—Tenemos que esperar a que lleguen las reses, deberían llegar dentro de un par de días, hasta entonces hagan lo que quieran.

Mi amigo pensó que debíamos entretenernos con algo, así se nos pasaría el tiempo más rápido. Uno de los forajidos del pueblo estaba reparando el porche de su casa, clavando unos palos, a modo de tejado, sobre una estructura de madera. Se trataba de los troncos que salen de la planta del magüey, yo los había visto en el desierto.

Nos acercamos a ofrecerle ayuda y él aceptó. Yo les pasaba los palos desde abajo, mi amigo los sujetaba firmes y el mexicano los clavaba bien juntos uno al lado del otro y luego los cortaba cuidadosamente para que todos tuvieran igual longitud —*mochando parejo*—. El hombre estaba muy concentrado en la tarea y no soltaba palabra, mi amigo y yo respetábamos su silencio. Pasamos un largo rato trabajando antes de que se decidiera a hablarnos.

—¿De dónde son?

—Españoles.

—¿De dónde en España?

—Soy gallego —respondió mi amigo.

—¿Puro gallego? ¿Purito menso? —rió divertido.

167

—No en ese sentido. Soy gallego de Galicia, del norte de España. ¿Conoce nuestro país?

—Mi padre era español, de Badajoz, luchó en su guerra civil.

Entonces arrancó a hablar de forma compulsiva, como si durante el silencio anteriormente mantenido hubiera ido acumulando sus palabras, que ahora salían desbocadas.

—¿Saben algo de los legionarios? Mi padre lo era y me hablaba siempre de la legión con mucho orgullo. Me enseñó todas sus canciones desde pequeño, las cantaba continuamente cuando estaba contento. Me contó que durante la guerra, cuando aún no era legionario, su batallón estaba atascado. Les habían ordenado tomar una posición, pero no era nada fácil porque el enemigo estaba atrincherado sobre la cima de una loma y no había nada que los cubriera si intentaban acercarse. No podían rodearlos ni avanzar.

»Entonces llegó un batallón de legionarios cantando a pleno pulmón. Mi padre y sus amigos sonrieron, querían ver cómo iban a resolver el asunto los famosos legionarios. Ellos no dijeron nada, simplemente salieron y avanzaron hasta la trinchera enemiga. Lo hicieron cantando, sin correr y sin disparar, pero con paso firme. Muchos cayeron, pero otros llegaron y dispararon sus armas sobre los asustados atrincherados, que se rindieron inmediatamente. Los legionarios volvieron, recogieron sus muertos y heridos y, con total naturalidad, se pusieron de nuevo a las órdenes del mando.

»Mi padre se quedó tan impresionado que decidió hacerse legionario inmediatamente. No se puede vencer a quien no teme a la muerte... Así somos la gente de aquí. *Raza* que ya ha muerto, que ha vendido su alma al diablo. Este es nuestro infierno y nuestra penitencia. Somos plebe capaz de abrazar a la misma muerte de tanto que la añoramos. Sobrevivimos porque no sabemos hacer otra cosa. La vida aquí es tan dura que muriendo solo podemos pasar a una vida mejor. Matar o morir. Punto. En eso es, a veces, en lo que se resume todo.

Mi amigo permaneció callado. No dijo absolutamente nada, lo cual era realmente impropio de él. Por eso, aquella misma noche, cuando nos quedamos solos, le pregunté.

—¿Qué te ha parecido el Legionario?

—Ese tipo es peligroso. Lo que ha dicho sobre la muerte no es un farol. No teme morir, está más loco de lo que parece, mucho más.

—¡Venga ya! ¿En serio?

—¿No lo has notado? Cuando hablas con alguien debes observar atentamente. Tienes que ver cómo reacciona una persona cuando la molestas, cuando la halagas, cuando dice la verdad y cuando miente. Puedes hacer una batería de preguntas e ir analizando las respuestas y las reacciones que producen. Es como ir palpando a la gente hasta que encuentras la zona que causa risa, la que causa dolor, la que hace sangrar... Una vez que sabes dónde le duele, puedes apretar para hacer daño; una vez que sabes lo que le hace gracia, puedes buscar su complicidad. Todos tenemos cosas que nos hacen débiles. Las personas seguras y duras pueden venirse abajo de la forma más inesperada. La habilidad está en encontrar rápido esas debilidades y saber explotarlas. En ese juego has de aprender a ocultar tus cartas, porque también tú tienes debilidades. Como en el ajedrez, no hay mejor forma de defenderse que estar poniendo constantemente al rey enemigo en jaque. Mientras tu adversario intenta escapar de los jaques, no es capaz de incordiar a tus piezas. Solo unos pocos, poquísimos, están a un nivel alto. En ese caso la partida es más divertida y la victoria más apreciada. Los locos no responden a un patrón predecible, por eso me gustan tanto, siempre son un reto. Una de las cosas que siempre hago cuando conozco a alguien es evaluar si está más perturbado que yo.

—¿Estoy más loco que tú? —pregunté intrigado.

—No. Jamás estarás más loco que yo. Tú solo tienes la limitación de la timidez. Eres tímido y eso te hace estar siempre angustiado, preocupado, temeroso, inseguro, acomplejado, irritado. Te preocupa lo que piensen de ti, te acompleja que tu timidez te haga parecer un bicho raro, te irrita que se aprovechen de ti por ser tímido, te cabrea ser incapaz de contestar a esos aprovechados como se merecen... Todo ello hace que vivas en un estado de permanente inseguridad e ira. Solo eres capaz de vencer tu timidez mediante la cólera, es la única que te permite romper las ataduras que siempre te tienen apocado, pero esa no es la forma de vencerla porque luego te arrepientes y vuelven tus inseguridades y angustias. Ese es todo, un simple asuntillo de timidez y de ira, nada muy grave.

Me azaré. Había hecho un diagnostico tan acertado que me encontré ridículo y vulnerable ¿Tan transparente era? ¿Tanto se me notaba? Sentí el calor en la cara: la sangre subía desbocada y me ruborizaba de una forma terrible. ¡Menudo gilipollas! El cabreo empezó a abrirse paso rápidamente, pero me di cuenta de que eso le daría aún más la razón, así que intenté tranquilizarme mirando hacia otro lado. Mi amigo me conocía bien y, sabedor de que si me miraba todo iba a ir a peor, decidió cambiar de tema mientras me daba la espalda haciendo que recogía algo del suelo.

Al cabo de unos segundos, cuando mi cara ya había recuperado su color habitual, volvió a hablar.

—Por cierto, el Legionario está más loco que yo. Es peligroso, muy peligroso.

Esperé un poco para ver si era una de sus bromas —era muy típico de él salvar estas situaciones con una payasada—, pero no añadió nada más. Me quedé tan extrañado que olvidé definitivamente mi anterior enfado. El Legionario no me había parecido especialmente peligroso. Un tipo curioso más, con sus fantasmas y sus historias, con sus teorías y sus rarezas. ¿Peculiar? Seguro. ¿Peligroso? No más ni menos que el resto, incluido el Tarahumara. Sin embargo, mi amigo era una persona observadora y solía detectar detalles que yo no veía. También era alguien muy seguro. Lo era tanto que no temía reconocer que se veía superado, aunque eso no solía ocurrir. Es más, era la primera vez que me comentaba algo así.

Al día siguiente nos levantaron temprano. El Tarahumara se acercó con dos caballos y dos sombreros tejanos para nosotros. Mi amigo tenía alguna noción, yo no había montado en mi vida. Me quedé un poco bloqueado y lo miré buscando apoyo. Él se rió.

—Solo una pregunta. ¿Dónde está el freno? —dijo sonriendo.

—¿No saben montar? ¡Pinches gachupines! ¡Buenos para nada!

—Un respetito, por favor, que los caballos se los trajimos nosotros.

—¿Cómo que los trajeron ustedes?

—Sí. Los conquistadores españoles fueron los que les trajeron los caballos, los espejitos, la rueda...

—Monten y déjense de pendejadas —ordenó algo enfadado.

—Espera un momento —me dijo mi amigo llevándome aparte—. Te voy a dar algunos consejos, así te resultará todo más fácil. Lo primero es presentarte al caballo. No es una moto, es un ser vivo muy inteligente, con personalidad, capaz de percibir tus sentimientos de seguridad, miedo, duda, cariño... Acércate a él despacio, seguro, de frente y con la mano extendida para que te vea claramente y tenga la oportunidad de olerte. Además, así harás que baje la cabeza, lo cual indica cierta forma de sumisión. Tienes que observar siempre sus orejas. Si las estira y las gira hacia atrás, tiene miedo o está enfadado. Si hace eso, tienes que ser cuidadoso y no ponerte nunca detrás de él. Los caballos tiran las coces en línea recta, eso los diferencia de las vacas, que hacen un movimiento de barrido en lateral y hacia atrás. Cuando te desplaces alrededor del caballo, mantén siempre una mano tocándolo. Él sentirá que te vas moviendo sin perder tu posición, así no se pondrá nervioso.

—Mucho sabes tú de caballos, listillo...

—Tuve uno hace tiempo: un precioso purasangre español. Me lo vendieron a buen precio porque ya estaba viejo para la competición. Estaba adiestrado en la doma clásica: *piaffe, passage,* paso español…. Una maravilla.

Tras cumplir todo el protocolo de caricias, mimos, seguridad y sumisión, el caballo que elegí —mi amigo me dejó elegir— pareció llevarse bien conmigo. Me ayudaron a montar y empezamos a dar paseos por la zona.

Al principio estaba nervioso, intentaba dirigirlo como una bici, para que esquivara los objetos. Luego me di cuenta de que no hacía falta, él lo hacía perfectamente. Practiqué el paso, el trote y el galope. Todo bien, menos el trote. No le pillaba el tranquillo, iba dando botes en la silla y me hacía daño en la espalda. Mientras tanto, mi amigo se había hecho con su caballo sin dificultad, a pesar de que nos dijeron que era más nervioso y rebelde que el mío. Se le veía erguido y seguro, con su sombrero de vaquero, como si no hubiera hecho otra cosa en su vida.

Montamos durante un par de horas y yo terminé agotado. Me dolían las piernas de apretarlas contra la silla para no caerme, me dolía la espalda por culpa del trote, sentía tensión en todo el cuerpo. Si tenía que montar durante bastante tiempo, los próximos días iban a ser una auténtica tortura. Nada más desmontar, me fui directo a la cama.

Las reses, envueltas en una nube de polvo amarillento que enturbiaba el sol de la amanecida, fueron llegando desde muy temprano. Habían reunido tan-

173

tas como habían podido, ya que se pagaba la cabeza de ganado a un precio muy superior al habitual. Cuando estuvieron todas juntas me quedé muy impresionado: eran muchas más de las que esperaba. El trabajo no parecía fácil, teníamos que transportar un enorme rebaño, pero confiaba en el buen hacer de aquella gente.

Con la llegada de las reses, el pequeño poblado se revolucionó. Normalmente parecía abandonado, con los pocos habitantes siempre escondidos en sus casas para esquivar el duro calor del día. Ahora se mostraba lleno de vida. Entre los del pueblo y los que traían el ganado, éramos un grupo de unas treinta personas. Un sentimiento general de alegría y jovialidad impregnaba el ambiente de aquella bulliciosa mañana.

En cuanto llegaron todos los animales, montamos en los caballos y nos fuimos directos al río Bravo, necesitaban beber. Yo intentaba mantenerme ligeramente alejado del ganado, me daban un poco de respeto todas aquellas bestias: cientos de patas y cuernos, las lenguas fuera para aliviar el calor y los ojos expectantes. Mi amigo viajaba a mi lado, aunque en ocasiones se adelantaba para inspeccionar.

Era una imagen impresionante, como en las películas de vaqueros: a caballo, con nuestros sombreros tejanos, atravesábamos la seca llanura rodeando a un enorme rebaño. Los bramidos de todas esas reses nos envolvían, ahuyentando el impresionante silencio del desierto y aturdiendo nuestras cabezas. Avanzábamos lentamente bajo el sol abrasador acompañados del fuerte olor del ganado. Mi nariz, completamente reseca, me dolía al respirar. Los caballos echaban espumarajos por la boca y sudaban profusamente, el polvo se pegaba a sus cuerpos sudorosos creando una asquerosa pasta amarillenta.

Me sentía un tipo duro. Había ido forjando esa dureza entre caminatas y aventuras. Mi estampa ya no era la misma que cuando había llegado a México. En poco tiempo, aquel estudiante blandito, tierno y asustadizo se había convertido en un rudo machote acostumbrado al ejercicio y al riesgo. Estaba seguro de que se me notaba en mi actitud, en mi porte, en mi mirada.

Mi amigo se acercó y me susurró con cautela.

—No veo la droga ni las armas, pero, como las meigas, *haberlas hailas*.

—¿Cómo?

—No pensarás que todo esto va únicamente de vacas y protección de la flora, ¿verdad?

—No, claro que no —mentí algo turbado.

—Estamos pasando algo más que simples vacas al otro lado de la frontera, pero no logro saber qué ni cómo. Avísame si ves algo.

Mi hombría y mi dureza se esfumaron de una forma tan rápida como cruel. No lo había pensado, pero, en cuanto mi amigo me abrió los ojos, tuve claro que algo ilegal metíamos en Estados Unidos. Lo que me daba rabia era no haberlo intuido antes. Me sonrojé levemente, seguía siendo un pardillo. Volvieron mis miedos e inseguridades.

Llegamos al río sin dificultad. Dejamos que el ganado bebiera tranquilamente, necesitaban reponerse y prepararse para el largo camino que aún nos quedaba por delante. Nosotros aprovechamos para refrescarnos. El calor empezaba a pegar fuerte y fue todo un gustazo empapar nuestras cabezas, aunque fuera en aquellas aguas calentuchas y contaminadas. En contra de lo que yo pensaba, el mítico río Bravo no era para tanto, al menos a finales de agosto. La profundidad era poca y el agua no llegaba a cubrir; los animales vadearon el río sin dificultad. Una vez al otro lado, ya en Estados Unidos, sentí una sensación extraña por la facilidad con que habíamos atravesado una frontera tan famosa. Parecía irreal estar ya en el otro país.

Más de la mitad de la gente que nos acompañaba no llegó a cruzar el río, se quedaron en México. El rebaño parecía tranquilo y avanzaba compacto, de forma lenta y constante; aunque el grupo se había reducido mucho, aún éramos suficientes para controlarlo.

Al cabo de un rato nos salieron al paso unos guardabosques de Estados Unidos. Se limitaron a hablar con el Tarahumara, que les enseñó una serie de papeles. Mi amigo se acercó a ellos y todos hablaron unos instantes.

—¿Qué han dicho? —le pregunté cuando se me acercó.

—Nada. Están compinchados con esta gente. También sacan dólares de todo esto. Se han limitado a hacer el paripé y pedir unos papeles que ni siquiera se han molestado en mirar con detenimiento.

Tras una larguísima marcha por el desierto, con un sol inmisericorde castigando cruelmente nuestros cuerpos y resecando hasta lo más profundo de nues-

176

tras almas, por fin llegamos. La civilización adoptaba la forma de una simple pero asfaltada carretera. Junto a ella, una amplia zona vallada nos permitió meter a los animales. Lo hicimos sin dificultad, ayudados por la pericia de la gente que allí nos esperaba. Inmediatamente después, empezaron a llegar los camiones en los que había que embarcar las reses. Gracias a una manga que habían preparado oportunamente, la operación fue relativamente fácil, aunque llevó su tiempo. Una vez cargados, creí que nuestro trabajo había terminado. Me equivoqué.

—Ustedes tienen que acompañar al ganado a su destino. Son solo unas pocas horas en camión.

Miré a mi amigo, a ver si decía algo. Solo levantó los hombros, extendió las manos y me miró con un gesto entre divertido y resignado.

—¡Pues vale!

Capítulo 18. El 'Lucky Clover'

El propietario del rancho *Lucky Clover* —Trébol de la Suerte— era un estadounidense de ascendencia irlandesa. Su abuelo había emigrado a América en busca de fortuna y había logrado encontrarla. Aun así, siempre guardó una enorme morriña de su Irlanda natal, una Irlanda pobre y verde, famélica y enigmática, siempre envuelta en niebla. Una tierra que llegó a odiar por el hambre y el frío constantes de su infancia; pero, una vez abandonada, la recordaba con nostalgia. Cuando llegó a Estados Unidos, pobre como una rata, solo pudo traer consigo una maleta con un par de mudas y una biblia. Dentro de la biblia había un trébol de cuatro hojas que le había regalado su madre. El trébol es el símbolo de Irlanda desde que san Patricio lo usara para explicar el misterio de la Santísima Trinidad a los irlandeses, y su madre se lo dio para que recordara sus orígenes y su religión, pero también para que le diera buena suerte. Quizá fue el trébol, quizá no, el caso es que logró prosperar a base de trabajo, constancia y, por supuesto, un poco de suerte. Llegó a tener mucho dinero y sus bienes aumentaron cuando se casó con una rica muchacha de Texas. Una vez casado, como suele ocurrir en tantas ocasiones, se fue a vivir a la tierra de su mujer. Allí se hizo rápidamente con el negocio familiar y llegó a

179

tener gran cantidad de ganado y tierras. Sin embargo, el buen irlandés seguía añorando las verdes praderas de su patria y construyó su rancho de forma que le recordara a sus orígenes. Quiso traer un pedacito de su Irlanda a Texas, algo un ciertamente estrambótico y caro, aunque comprensible y asumible para una persona tan pudiente. Rodeó su rancho de una gran pradera verde y, como no podía ser de otra forma, plantó muchísimos tréboles. Cuando obtuvo algunos de cuatro hojas, invirtió un auténtico dineral en seleccionarlos y logró reproducir esa anomalía genética. Consiguió una proporción de ellos mucho mayor que en ningún otro lugar del mundo. Los tréboles le dieron suerte, y así vivió rico y feliz durante su intensa vida.

A la muerte del viejo irlandés, todo pasó a ser de su hijo. El hijo heredó la buena intuición del padre para hacer dinero, y la fortuna y los tréboles siguieron acompañando a la familia. Años después, el nieto del irlandés heredó el famoso *Lucky Clover*, también conocido como el *Four Leaves Clover* por sus tréboles de cuatro hojas. Por supuesto, mantuvo la pradera de tréboles, no solo porque era la seña de identidad del rancho y de la propia familia, sino porque también consideraba los tréboles como la causa de su éxito en los negocios. Parece que la estricta rectitud del religioso abuelo irlandés se fue diluyendo y así fue como el nieto, al que nosotros conocimos, se metió en el oscuro negocio que por entonces nos ocupaba.

Llegamos con los camiones de ganado a un rancho espectacular. En la entrada daba la bienvenida un enorme cartel con un trébol de cuatro hojas pintado; justo debajo podía leerse *Lucky Clover* en grandes letras verdes. El rancho estaba cercado por una bonita empalizada de madera. En el interior de la empalizada había un prado enorme, lleno de tréboles. Debían de gastar una barbaridad de agua para mantenerlo tan verde, y el agua seguro que no era barata en aquella zona árida. En uno de los extremos del rancho estaba el recinto donde descargamos los animales: consistía en una amplia zona vallada de tierra reseca contigua al rancho. Visto desde el aire, el conjunto de las dos zonas valladas tenía forma de ocho, con ambos cercados separados solamente por un corto tramo de empalizada.

Los trabajadores del rancho se encargaron de abrevar a los animales. El Tarahumara, mi amigo y yo nos dirigimos hacia el verde rancho. El resto cenaría y dormiría en la casa de los sirvientes, próxima al polvoriento recinto de los animales.

Al entrar en el edificio principal nos recibió uno de los criados. Nos llevó a nuestras habitaciones en el piso de arriba y nos propuso que nos bañáramos antes de cenar. Lo dijo de tal manera que pareció que no confiaba demasiado en nuestra higiene personal. ¡Como si no fuésemos a asearnos después de aquel viaje! A mí, que llevaba soñando desde hacía días con una buena ducha, me pareció un comentario innecesario. Insistió también —hasta el límite de parecer impertinente— en la hora exacta a la que debíamos estar preparados para la cena. La verdad es que no me cayó bien: sin conocernos de nada, nos había llamado guarros e impuntuales en un momento.

—Es tarde y no tenemos demasiado tiempo —dijo mi amigo muy serio y con firmeza—. Solo una última pregunta: ¿debemos lavarnos con jabón o es suficiente con usar abundante agua?

El otro fue a responder, pero yo no pude aguantar la carcajada y se alejó indignado.

Entré en la habitación que me habían asignado. Encima de la puerta había una enorme cornamenta. Dos fotos antiguas, en blanco y negro, suponían el único adorno de las paredes. En una había un cazador con un oso muerto a sus pies; en la otra, la misma persona aparecía sobre una especie de cabra montés. El mobiliario era escaso, pero parecía de calidad. Sobre la manta mexicana que cubría la cama habían dejado ropa planchada y limpia para mí. Cuando abrí la puerta que comunicaba con un pequeño y reluciente baño, casi me pongo a dar saltos de alegría.

Me di una buena ducha, con el agua más bien fría, lo que me permitió quitarme el calor y el polvo acumulados. Solo fui consciente del fuerte olor de mi ropa cuando ya estuve limpio. Era una *afrutada* mezcla de sudor con olor a vaca, a caballo y a tierra. Dejé mi ropa sucia en el suelo, amontonada en una esquina del baño —no supe encontrar un sitio mejor— y me vestí con lo que me habían dejado. La camisa era demasiado grande, así que doblé las mangas hasta la longitud de mis brazos. En vez de corbata tenía un cordón ajustable, al estilo de los vaqueros de los rodeos. Con el pantalón vaquero sí habían acertado, me quedaba bastante bien. Una vez arreglado me miré al espejo, tenía una pinta muy graciosa.

Llamaron a mi puerta y me asusté, pero resultó ser mi amigo. Al verme así vestido, se rió de mí y sentí un poco de vergüenza. Su indumentaria tampoco tenía desperdicio y yo también terminé sonriendo. Fuimos los primeros en bajar a cenar, el Tarahumara tardó un buen rato. Él también se había duchado, se notaba porque tenía el largo pelo negro aún mojado. Lo malo es que después se había vuelto a poner su ropa sucia. ¡El muy guarro no había aceptado la que le habían prestado! Empecé a pensar sobre el sentido en que irían las insinuaciones que nos habían hecho antes...

Entonces llegó nuestro anfitrión.

La cena fue opípara. Bebimos vino californiano y comimos una barbaridad. Supuse que iba a haber más gente, pero solo cenamos los cuatro: el Tarahumara, el dueño del rancho, mi amigo y yo. No tenía muy claro el idioma que íbamos a usar y, con mi escaso dominio del inglés, estaba un poco preocupado, pero tuve suerte.

—¿En qué quieren que hable? —preguntó, con buen acento, *Mister* Gleeson—. Toda la gente que trabaja aquí es mexicana. A mediados del siglo XIX Estados Unidos le declaró la guerra a México y le quitó la mitad de su territorio, todas estas tierras del sur. México no se ha molestado en disparar ni un tiro para recuperarlas, simplemente han hecho lo que llaman la *Invasión Silenciosa*. Han emigrado en masa durante años y se han establecido aquí. Ahora hay tanta gente mexicana en el sur de Estados Unidos que puede decirse que lo han recuperado. Se habla en español, se come comida mexicana, se siguen las costumbres mexicanas, etcétera. Esto es más mexicano que el tequila.

Fue una cena agradable. El dueño del *Lucky Clover* nos habló del rancho y de su familia, especialmente de su famoso abuelo irlandés; de la caza y de las especies de la zona. Nos contó muchas anécdotas y no tuvimos que entrar a hablar sobre temas molestos. Mi amigo soltó cuatro veces la palabra *grosella*, lo que le hizo ganar una competición en la que no tuvo ningún rival. Al terminar de cenar yo estaba agotado y ligeramente piripi. Me acosté y no me desperté hasta que oí los gritos...

¡Menuda se montó a la mañana siguiente!

Capítulo 19. Las nasas

Había estado encerrado en casa desde la muerte de Quique Malo. Al principio, por la fiebre; más tarde, porque mis padres no me dejaban salir. Aunque ya me encontraba recuperado, tenían miedo de que recayera. Me levanté y desayuné con hambre. Fingí sentirme más pletórico de lo que realmente estaba para que me dejaran salir de una vez. Necesitaba enterarme de lo sucedido, si no me iba a volver loco. La visita que me había hecho mi amigo no me había sido de ayuda, más bien todo lo contrario.

Para mi disgusto, no me dejaron salir temprano, pero tuve suerte y mi amigo vino a buscarme. Llegó a eso de las doce, contento, silbando. Traía su salabardo y unas gafas de buceo.

—Nos vamos a pescar cangrejos a la playa, así podremos hablar y te distraerás —ordenó.

—No me van a dejar. Están muy pesados desde que me puse malo. Temen que recaiga.

—No te preocupes, yo me encargo.

Asentí e inmediatamente después empecé a ponerme el bañador. No me cabía la menor duda de que lograría su objetivo.

Nada más salir de casa, camino de la playa, le pregunté a bocajarro.

—¿Hay alguna noticia nueva? ¿Se sabe algo de Quique Malo? ¡Cuéntame todo lo que sepas!

—No sabemos nada nuevo: no han encontrado el cuerpo, la policía aún no ha hablado con nadie y los Malos parecen haber desaparecido. Aparte de lo que te conté sobre la conversación de aquellas viejas cotillas, no he sabido nada más. Vamos a pescar cangrejos, nos sentará bien olvidarnos de todo esto por un rato. Además, llevamos varios días sin ir a las nasas, deben de estar repletas de cangrejos.

Pensé que tenía razón: la playa y un poco de ejercicio me vendrían bien, y el baño en el agua fría me ayudaría a olvidarme de las angustias y miedos que me atenazaban. ¿Qué mejor manera de entretenerme que capturando cangrejos en las nasas? ¡Con lo que a mí me gustaba!

Al principio me pareció que se trataba de una red, lo mismo que me pasó cuando vi las nasas de Sombra Oscura. Era una zona en la que se amontonaban infinidad de algas, por lo que no podía ver con claridad lo que había. Estaba seguro de que no era una de nuestras nasas, parecía demasiado grande. Fuera lo que fuera, estaba a bastante profundidad, así que tuve que inspirar mucho aire para la inmersión. Al aproximarme, la imagen se fue haciendo más nítida. Mis ojos, acostumbrados a buscar formas conocidas, sabían distinguir un cangrejo de un alga, pero no algo inesperado. Según me iba acercando, pensé que no era una red, que era un gran pez muerto. Entonces vi unos cangrejos y me sumergí aún más para capturarlos. Enfoqué la mirada en ellos y dejé de ver la imagen de conjunto. Había un cangrejo enorme y hacia él me dirigí. Cuando adelanté la mano para agarrarlo, las algas se movieron. Enfoqué más allá del cangrejo y pude ver lo que había en el fondo. El bulto que había visto al principio no era una nasa ni un pez grande. ¡Era un ahogado! Vi una cara blanquecina, hinchada y lacerada, con las cuencas de los ojos vacías. ¡Un ahogado! El susto fue tal que tragué agua y tuve que subir rápidamente a la superficie. Las arcadas por haber tragado esas aguas podridas, junto con la imagen horrible que había visto, me hicieron vomitar. Trataba de mantenerme a flote, pero no era fácil. Movía desesperadamente brazos y piernas para no hundirme, me estaba ahogando entre el agua y los vómitos.

Mi amigo acudió rápidamente en mi ayuda y me llevó hasta la orilla. Escupí entre bocanadas y empecé a toser intentando buscar aire. Tardé unos minutos en recuperarme; estaba agotado, traumatizado, asqueado y mareado. Solo entonces pude contarle, mientras tiritaba, lo que había visto. Aquella imagen horrible que nunca se ha borrado de mi memoria.

No me preguntó nada, solo soltó la frase terrible y lapidaria que yo no quería oír.

—Es Quique Malo.

Me quedé pálido. Lo que había dicho tenía que ser cierto. ¿Quién iba a ser? Aun así, con tal de no afrontarlo, quise engañarme a mí mismo.

—No lo he llegado a ver bien, puede ser cualquier persona que se haya ahogado.

—¿Pero qué dices? Si fuera alguien de por aquí, se habría sabido su desaparición. Solo hay una persona desaparecida actualmente: Quique Malo. Se ahogó y unos días después aparece el cadáver de un ahogado. ¿Qué más quieres? De todas formas, no te preocupes. Voy a bucear a ver si confirmamos que es él —dijo mi amigo.

—No, por favor. No lo hagas.

Ni me escuchó. Me dejó en la orilla tiritando y se fue. Me quedé mirándolo horrorizado. Por suerte, no tardó demasiado en volver.

—Es Quique Malo. Sí, señor.

—¿Sí?

—Sí. Es él. Está bastante desmejorado, pero el bañador es el mismo. Además, ¿quién quieres que sea? Te estás engañando a ti mismo porque no quieres que sea él, pero sí que lo es. Supongo que es una especie de ironía que lo hayamos encontrado nosotros. Una broma del destino, parece que Dios tiene un peculiar sentido del humor.

—¿Y ahora qué hacemos? —pregunté horrorizado.

—Nos vamos a casa. ¿Se te ocurre otra idea mejor?

—¿No habría que avisar a la Guardia Civil?

—No. Mejor no decir nada, nos empezarían a hacer preguntas sobre las nasas y el muerto. Los primeros sospechosos son siempre los que lo encuentran.

—Su madre debería saberlo. No me parece bien.

—Por eso no te preocupes, la marea lo va a sacar pronto. Mañana aparecerá en la playa.

Mi amigo se equivocó, apareció en la playa esa misma tarde.

En cuanto la Guardia Civil se encargó del caso, un enorme secretismo rodeó toda la investigación. Nadie en el pueblo sabía nada, todo eran conjeturas. Yo estaba aterrado, apenas era capaz de comer, no podía dormir, era un zombi. Encima tenía que fingir para que mis padres no sospecharan nada. Era un suplicio. Quería olvidar el asunto, huir y que desapareciera para siempre, pero seguía ahí y no podía evitarlo. Llegado a ese punto, necesitaba saber cómo iba la investigación: cuando te sabes culpable y no puedes escapar, lo peor es la falta de noticias. Yo no sabía nada, estaba desquiciado.

Mi amigo me citó en la playa. Acudí ansioso y agobiado.

—¿Qué ha pasado con Quique Malo?

—Como bien sabes, lo encontraron ahogado.

—Ya, joder. ¡Cuéntame algo que no sepa!

—No se sabe mucho más. La policía ha estado hablando con los Malos y con alguna gente del pueblo. Al padre de un vecino le preguntaron si vio algo extraño esos días. No fue por nada en especial, simplemente porque suele madrugar mucho e ir al puerto cada mañana.

—Algo habrán descubierto...

—No saben nada. No tienen nada. No sabemos la versión que han dado los Malos a la Guardia Civil, pero seguro que no han dicho nada de nosotros, de otra forma ya nos habrían interrogado...

—¿Nada más?

—Mi madre se encontró ayer a la madre de Quique Malo en la iglesia. Aún no ha podido enterrar a su hijo porque todavía lo están investigando los forenses. Lloraba de forma calmada y resignada. Le dijo a mi madre, y esto se le ha quedado grabado, que se sentía mal por perderlo, pero también sentía una liberación. Supongo que Quique Malo no le daba más que problemas... No sé... Lo mismo es lo mejor para ella...

—¿Has intentado hablar con los Malos? —pregunté con ansiedad.

—No —zanjó bruscamente—. Mejor no sacar el tema. Vamos a mantenernos calladitos. Intentaremos sacar información de nuestras familias y de la gente del pueblo. Aunque todo el mundo finge que no desea hablar del asunto, no se habla de otra cosa.

—Nos terminarán preguntando —dije asustado.

—Tenemos que hacer un pacto. No quiero que te asustes cuando alguien te pregunte, porque tienes razón —dijo mirándome—: las preguntas llegarán tarde o temprano, eso seguro. Recuerda siempre que Quique Malo nos hizo la vida imposible, así que nada de contemplaciones con ese cabrón.

—No seas animal, está muerto.

—La delicadeza es algo que yo maté y violé cuando solo tenía diez años. No seas pusilánime. La muerte de Quique Malo no cambia nada. Antes era un cabrón, ahora es un cabrón muerto. Le podemos añadir adjetivos, pero el de cabrón no se lo quito. ¿O ahora vamos a salir diciendo que era una persona maravillosa, amigo de sus amigos, bondadoso y generoso? Recuerda que yo podría estar muerto por su culpa. Es más, lo más lógico es que yo fuera el muerto y él el vivo, era más fuerte y mayor que yo. No le debo nada, ni una mísera explicación, ni un instante de tristeza, ni el más mínimo sentimiento de culpa… Y no olvides que tú también podrías estar muerto, eras el siguiente en saltar. Además, el pueblo es ahora un sitio mejor, más bonito y más tranquilo. No está ese desgraciado amargándonos la vida y los Malos han desaparecido, no son nadie sin su líder.

Callé. Tenía razón.

—Bueno, al tema: hay que hacer un pacto de silencio. ¿Estamos? ¡Pacto!

Y se acercó solemnemente a mí, mirándome fijamente a los ojos y estrechándome la mano con vigor.

—Pacto —me dijo de nuevo.

—Pacto —respondí.

Quedó así cerrado el trato. Ninguno iba a decir nada. Sabía que él jamás hablaría, así que yo tampoco.

Esa tarde fue especialmente activa. Jugamos al fútbol con más ímpetu, corrimos con más fuerza, nos bañamos con más rabia y nos reímos con más ganas. Era la celebración de nuestra libertad. Éramos libres, habíamos vencido a Quique Malo y a la muerte. Estábamos vivos y éramos muy conscientes de ello. Queríamos disfrutarlo, así que permanecimos tumbados en la playa hasta que se hizo tarde. Era un bonito día, calmado y tranquilo. El viento dejó de soplar, las olas prácticamente desaparecieron; solo quedó el sol, ya rojizo, reflejándose en la mar. Nos echamos un último cigarrillo, que nos supo a gloria, antes de regresar felices a casa.

Nada hacía presagiar que las angustias volverían...

Pasaron los días sin que nada importante ocurriera. No nos llegaban novedades reseñables sobre Quique Malo, a pesar de que estábamos atentos a todo lo que se decía. Aunque no aportaba gran cosa, me dio un vuelco el corazón cuando mi padre nos enseñó la noticia en el periódico. Salía en el apartado de sucesos, junto a la foto de una playa que nada tenía que ver con el pueblo. La noticia, corta y escueta, decía que se había ahogado y poco más. Relacionaba, eso sí, al pueblo con la droga.

... Muere ahogado, en extrañas circunstancias, el joven E. S. T., de dieciocho años... Se desconocen las causas... No se descarta ninguna posibilidad... La Benemérita está investigando su extraña muerte... Podría tratarse de un asunto de drogas, algo habitual en estos pueblos costeros en los que el tráfico de sustancias ilegales está aumentando exponencialmente en los últimos años...

Desde luego, al periodista que lo redactó no le iban a dar el Pulitzer.

Las campanas del pueblo tocaron a muerto. Tras el retraso debido a la investigación forense, había llegado, por fin, el día del entierro.

Quique Malo no era precisamente querido, pero su madre sí y todo el pueblo quiso mostrarle su apoyo. Mis padres se empeñaron en ir. Los Malos estaban presentes, pero no se atrevieron a acercarse mucho a la Reme, no sé si por respeto o por miedo. Ella iba de negro, rodeada de varias viejas también de luto riguroso; una de ellas la sujetaba por el brazo. Aunque era bastante joven, ese día parecía repentinamente envejecida: encorvada y titubeante, apenas podía caminar. El camino al cementerio se hizo angustiosamente eterno. Ascendíamos tan lentamente la cuesta que llevaba al borde de los acantilados que parecía que no avanzábamos, que no llegaríamos nunca. Todos íbamos en silencio, cabizbajos, caminando de forma cansina. Era como si hubiéramos perdido las fuerzas de repente y estuviéramos haciendo un esfuerzo titánico y agotador. El ambiente estaba cargado, las nubes encapotaban el cielo, la niebla bajaba de la montaña como una fiera que repta insinuante hacia su presa. Hechizados por el penetrante aliento del bosque, con su denso olor a eucalipto, parecíamos zombis. Empezó a *orvallar*, la fina y suave lluvia caía lenta y constante, monótona y perseverante. Todos llevábamos algo que nos pesaba una barbaridad: en los jóvenes eran las ropas empapadas; en los mayores, los pesados paraguas que parecían de plomo macizo. El esfuerzo hacía que todos respirásemos por la boca, jadeantes. La densa niebla nos ahogaba. La Reme lloraba pausadamente, le caían gotas desde las puntas de los mechones de su empapado y grasiento pelo. Alguien había tratado de acercarle un paraguas, pero ella lo había rechazado con un leve movimiento de mano. Parecía ida, ensimismada, dejada de todo lo que no fuera concentrarse en andar. Su única voluntad era llegar al cementerio.

Por fin llegamos, empapados, a aquel aislado lugar. El cementerio era tan lúgubre como el enrarecido ambiente que nos rodeaba. Solo las pequeñas plantas que habían ido creciendo en las grietas y en la cima de sus muros aportaban algo de vida a aquella lastimosa estampa. Mientras el cura hablaba, los gemidos de la madre aumentaron. Miré al mar. Revuelto y gris, parecía solidarizarse con los sentimientos circundantes. La vista era impresionante. Desde el pequeño camposanto los muertos podrían contemplar el mar hasta la eternidad, o desde ella. Cuando el cura terminó, dejó de llover y todos salimos con prisa. Bajamos mucho más rápido de lo que habíamos subido, de una forma más fluida. No sé si era la alegría de haber pasado ya el mal trago o la alegría de estar vivos, pero el ambiente, indudablemente, había cambiado. Me adelanté a mis padres durante la bajada. Estaba ligeramente separado del resto cuando se me acercó el Pirulo, el loco del pueblo. No lo vi llegar, se me acercó por la espalda, ni me había percatado de su presencia en el entierro. Me puso la mano en el hombro y me susurró.

—Os vi en la Roca de los Desaparecidos.

Di tal salto que casi me caigo. Mis padres nos vieron y se acercaron rápidamente.

—Deja al chico tranquilo ¡Este no es el momento! —zanjó mi padre con brusquedad.

El Pirulo farfulló algo y se alejó cantando:

—*Todos los que ríen,*

todos los que mienten,

todos los que viven

encuentran la muerte.

—¿Te ha asustado ese loco? —preguntó mi padre.

194

—Estás muy blanco. ¿Te encuentras bien? —añadió, preocupada, mi madre.

—No os preocupéis más, solo me pilló desprevenido —protesté yo, aún con el pulso acelerado.

Empezó a llover de nuevo, esta vez con fuerza, con rabia. Hicimos lo único que se podía hacer en esos casos: irnos a casa.

Me duché y me metí pronto en la cama. Estaba agotado, congelado y muerto de miedo. Estuve dándole vueltas a todo hasta la madrugada. Las preguntas de nuevo bombardeaban mi cerebro ¿Qué sabía el Pirulo? ¿Nos iba a delatar? ¿Todos iban a terminar sabiendo la verdad? Una nueva oleada de pavor inundó mi cuerpo. Cuando el miedo estaba empezando a disiparse, volvía de nuevo. El maldito Quique Malo volvía de la tumba, se reencarnaba para seguir fastidiando nuestras vidas. Era una tortura, una pesadilla hecha realidad.

Capítulo 20. Cazadores de hombres

Tras la opípara cena en el *Lucky Clover*, me había acostado y había dormido como un tronco. Estaba tan exhausto que no desperté en toda la noche. Amanecía y yo seguía plácidamente dormido. Soñaba. En mi sueño buceaba en una playa paradisíaca, rodeado por millones de peces de colores en un enorme arrecife de coral. Todo estaba en calma, los peces me contemplaban sin miedo, como a uno más. Entonces llegaron los gritos y todos los peces se asustaron. Me desperté sobresaltado.

Me asomé por la ventana y vi una imagen graciosa: las vacas pastando plácidamente en la verde pradera del rancho y los empleados corriendo detrás, luchando infructuosamente por sacar a los animales de allí. *Mister* Gleeson vociferaba impotente. No quería utilizar los caballos, pues sus pisadas terminarían de estropear el campo de tréboles, pero al final no le quedó otro remedio. Fue demasiado tarde: la pradera presentaba un aspecto maltrecho.

Parece ser que, por alguna razón, cuando llegamos solo dieron bebida a los animales, no les dieron nada de comer. Movidos por el hambre, las pobres reses fueron capaces de derribar la empalizada para alcanzar los ansiados tréboles durante la madrugada.

197

El dueño estaba descompuesto, fuera de sí. Fue a examinar la empalizada y volvió dando grandes zancadas. Gritaba en inglés y yo no era capaz de entender lo que decía. Estaba enloquecido. Uno de sus hombres vino a la casa y nos dijo que era mejor que nos fuéramos de allí, ya no éramos necesarios y debíamos regresar a México. Le hicimos caso y en unos pocos minutos estuvimos preparados. No teníamos más pertenencias que lo puesto y ni siquiera eso era nuestro, así que no había nada que recoger ni ninguna maleta que hacer.

Salimos hacia el sur en una vieja ranchera con la parte de atrás abierta. Delante, en la cabina, iba el Tarahumara con el Legionario y otra persona más; detrás, en la parte abierta, íbamos mi amigo y yo. El resto de la gente no retornaba con nosotros. ¿Dónde habrían ido? Por si acaso, mejor no preguntar.

Mi amigo parecía muy contento. Yo también estaba ilusionado con la vuelta a México, acariciaba la posibilidad de que toda aquella aventura terminara bien. Aun así, el viaje se me hizo bastante largo. No llevaba nada bien el tremendo calor de aquellas tierras. Encima de la vieja furgoneta metálica, con el sol cayendo a plomo, me estaba achicharrando. El viento procedente del movimiento del vehículo era seco y ardiente, hasta el punto de que era más un castigo que una ayuda. El sombrero sí ayudaba, pero no lo suficiente. A pesar de que aprovechamos unas mantas que había en la parte trasera para no apoyarnos directamente sobre el duro y caliente metal, el traqueteo era muy incómodo. Íbamos sueltos, sin ninguna sujeción, en aquel cajón de metal; si el conductor frenaba bruscamente, nos matábamos seguro.

Tras varias horas interminables, llegamos al sitio donde habíamos cargado las vacas durante el viaje de ida. Mi amigo me hizo ver que no quedaba nada de la estructura que había anteriormente, tanto el cercado como la manga para cargar los animales en los camiones habían desaparecido. Tenía razón, lo habían desmontado todo por completo. Ni rastro de aquello.

Allí nos esperaba un tipo con cinco caballos y una mula con bultos. Supuse que eran víveres y mantas, pero vaya usted a saber... Ya me había acostumbrado a no fiarme de nada ni de nadie. Debíamos recorrer de nuevo el desierto para volver a Maderas del Carmen. Mi caballo era el mismo que la otra vez y yo me alegré, ya le tenía cariño al animal. Él también me reconoció.

—Ahora que ya ha salido todo bien, ¿nos puede contar la verdad? No se trataba solo de ganado, ¿cierto? —preguntó mi amigo.

—No —respondió el Tarahumara sonriendo—. Claro que había algo más, siempre hay algo más. ¡Chico listo el pinche gachupín!

—¿Se trataba de droga?

El Tarahumara pareció muy sorprendido.

—¿Cómo lo puedes saber? ¿Alguien se ha ido de la lengua? —preguntó volviéndose hacia el Legionario.

—¿Me crees pendejo? —respondió el Legionario mientras sus ojos reflejaban tal desprecio y odio que el Tarahumara se asustó.

—Bueno —titubeó el Tarahumara—. ¿Qué más da? Ahora ya puedo contárselo, ya no hay peligro: se trataba de cocaína. El plan era fácil: los animales llevaban la droga dentro. ¿Por qué usar personas como mulas cuando podemos usar animales? Una vaca es capaz de llevar bolas de plástico, con droga dentro, en una cantidad impensable para un humano. Además, no hay aparato para detectar la droga dentro de una vaca. Las máquinas de rayos X convencionales no tienen el tamaño suficiente para esos animales. Solo se trataba de que se las comieran y antes de veinticuatro horas estarían en Estados Unidos. Imposible de detectar, negocio perfecto.

—Por eso no les dieron de comer cuando llegamos, ¿verdad? Eso me extrañó.

—Cierto. Normalmente los animales no son capaces de expulsar las bolas al cagar; hay que rajarlos para sacárselas. Aun así, teníamos miedo de que alguna saliera. Mantener a las reses en ayuno nos pareció más seguro, pero por comer unos pinches tréboles no va a pasar nada. Todo lo más, perderemos unas pocas bolas con droga. Hemos metido tantas que se van a hacer ricos igualmente... El gringo podrá volver a plantar su verde pradera. Ahora los animales estarán camino del matadero, si es que no han llegado ya. Tenemos a los trabajadores sobornados: al limpiar las canales y sacar el estómago, extraerán la droga. Nadie se enterará de nada, todo está muy bien preparado.

—Muy inteligentes —reconoció mi amigo—. Muy buen plan.

Llevábamos media hora de camino cuando nos salieron al paso unos tipos armados con escopetas. Vi que el Tarahumara se ponía tenso.

—Esto no estaba en el guión —me susurró mi amigo—. Peligro: estos no están comprados.

Los tipos nos cerraron el paso. Eran cuatro jinetes. Formaban una apretada línea frente a nosotros. Sus rifles intimidaban porque, aunque apuntaban al cielo, los tenían desenfundados. Me recordó a las películas de vaqueros de mi infancia, con aquellos duelos de jinetes al sol. Lo malo es que ahora no se trataba de una película. Ahora era la vida real y no tenía a John Wayne a mi lado.

—Son cazadores de espaldas mojadas. Gringos hijos de la gran chingada —masculló el Legionario justo antes de escupir al suelo, asomándose a un lado de su caballo.

El Legionario, mi amigo y yo nos quedamos algo más retrasados. El Tarahumara y el otro mexicano que venía con nosotros se adelantaron ligeramente para hablar con ellos. Hablaron en español. Les oí decir que éramos científicos, que formábamos parte de un equipo de investigación internacional. Les estaban sacando los papeles para probar sus palabras cuando, sin previo aviso, los norteamericanos empezaron a disparar a quemarropa. Lo hicieron sin miedo a fallar, parecía imposible errar el tiro.

El Tarahumara y el otro mexicano se interponían entre ellos y nosotros. No les dio tiempo a nada. Nos hicieron inconscientemente de escudo y se llevaron todos los disparos. A costa de sus propias vidas, nos taparon lo suficiente para que no nos acertaran los primeros balazos.

Mi amigo encabritó su caballo delante del mío para cubrirme. Mi montura se asustó y yo, que no me lo esperaba, me caí al suelo. El Legionario desmontó a toda velocidad y, según bajaba, sacó una ametralladora minúscula, aún no sé de dónde. Soltó una ráfaga a bocajarro que destrozó caballos, jinetes y todo lo que había delante de nosotros. Cuando paró de disparar, todos los animales y los estadounidenses estaban muertos o heridos. Cambió el cargador vacío de la ametralladora y se acercó a los que quedaban vivos. Con toda la sangre fría del mundo les fue dando tiros de gracia, indistintamente, a hombres y a caballos. Lo hizo sin ninguna jerarquía en especial, según se iban interponiendo en su camino. Cuando terminó de matarlos a todos, se dio la vuelta y vino hacia nosotros. No quería dejar ningún testigo de toda aquella matanza.

Yo seguía en el suelo, recuperándome del costalazo que me había dado. Una vez más, mi amigo vio venir el peligro y se adelantó. Desmontó del caballo y se puso a mi lado.

—¡A mí la Legión! A la voz de *A mí la Legión*, sea donde sea, acudirán todos y, con razón o sin ella, defenderán al legionario que pida auxilio.

El Legionario se quedó de piedra. Dudó. Se había dirigido directamente a nosotros y pensaba liquidarnos. La frase de mi amigo lo había descolocado totalmente. Bajó el arma y empezó a caminar en círculos.

—Usted no es legionario, no tengo por qué respetar su vida —dijo apuntándonos de nuevo.

Mi amigo permaneció a mi lado. Firme y decidido. Habló en una voz muy alta y dura, como militar.

—Soy un caballero legionario. Tercio Gran Capitán, en Melilla. Fui legionario y, por tanto, lo seré toda mi vida. Me acojo a su protección, como compañero legionario; también se la pido para mi amigo, como protegido y amigo de un legionario.

—Está mintiendo. ¿Por qué no lo comentó antes? Si fuera legionario me lo habría contado.

—¿Cómo podría saber el Credo de la Legión si no fuera legionario?

El Legionario seguía caminando en círculos. Un gran debate parecía librarse en su interior. Unas veces nos apuntaba, otras negaba con la cabeza y bajaba el arma.

—Aun así, yo no soy un legionario, solo lo fue mi padre.

—Su padre era un legionario. Era un gran hombre que le inculcó grandes valores. Usted tiene esos valores: el espíritu del combate, de la muerte, del sufrimiento y del compañerismo. No puede traicionar a un legionario. No puede fallarle a su padre, debe honrar su memoria. Además, nosotros tampoco le fallaremos. No hemos visto nada. No diremos nada a nadie. Esos gringos merecían morir.

—Lo siento —dijo apuntándonos de nuevo.

Entonces, mi amigo, muy serio, se puso a cantar, a pleno pulmón, mientras avanzaba directamente hacia él.

—*Cuando más rudo era el fuego*
y la pelea más fiera
defendiendo su bandera
el legionario avanzó.
Y sin temer al empuje

del enemigo exaltado,

supo morir como un bravo

y la enseña rescató.

Se iba acercando al Legionario sin parar de cantar. Cuando estuvo a su lado, sujetó el cañón del arma con las manos y lo dirigió a su propio corazón. Calló durante un segundo y empezó aún con más fuerza.

—*Por ir a tu lado a verte...*

Y entonces el Legionario se le unió y ambos cantaron al unísono.

—*... mi más leal compañera,*

me hice novio de la muerte,

la estreché con lazo fuerte

y su amor fue mi ¡baaaandera!

Era ridículo ver a aquellos dos locos cantando en medio del desierto. De no haber sido por el pequeño detalle de que estábamos rodeados de caballos y hombres muertos, incluso me habría hecho gracia. Hasta ese momento, desconcertado primero por la caída y aterrado después por si nos liquidaban, no me había dado cuenta del olor. Un olor repugnante, una mezcla de cloaca y sangre nos envolvía y cargaba el ambiente. Mi amigo y el Legionario se miraron a los ojos durante un rato. Luego ambos inclinaron la cabeza hacia el otro y se retiraron.

—Nos vamos.

No teníamos caballos. El mío había huido al principio, el del Legionario había huido también cuando descargó la ráfaga, los demás simplemente estaban muertos, solo quedaba la mula.

—Nos quedan unos veinte kilómetros hasta llegar al río Bravo y poder cruzar la frontera. Solo entonces estaremos a salvo —afirmó, rotundo, el Legionario.

—Pues vamos para allá —respondió mi amigo.

—Tu amigo va a montar en la mula con todas las armas y los víveres —añadió el Legionario—. Tú y yo vamos a correr por el desierto. Quiero que tomes uno de esos rifles de los gringos y lo levantes por encima de tu cabeza, yo haré lo mismo. Correremos así, hasta que uno caiga. Pasado un tiempo sentirás un terrible dolor en los hombros y en los pies. No te preocupes, eso es bueno. El dolor es tu amigo, te ayuda a recordar que sigues vivo. Te hará encabronar hasta conseguir tu objetivo. Vamos a ver si eres de verdad un legionario...

—Solo pido una cosa —intervino mi amigo.

El Legionario se volvió iracundo.

—No te atreverás...

—Solo pido poder cantar —interrumpió mi amigo—. Que vayamos cantando juntos.

El Legionario pareció complacido.

—Adelante.

—*Soy valiente y leal legionario...*

—*Soy soldado de brava legión...*

Me sentía un poco estúpido yendo en la mula detrás de aquellos locos. Corrían por un desierto vacío y silencioso, con los rifles por encima de la cabeza, cantando a pleno pulmón. Había logrado otro de sus retos graciosos... Sentía vergüenza ajena por verlos actuar así y también algo de rabia porque sabía que no estaba a su altura. Tenía claro que ellos eran conscientes de mi debilidad. Me protegían dejándome ventajas que ellos no necesitaban, aunque también era verdad que alguien debía llevar a la mula... Yo no me consideraba débil. A esas alturas era mucho más duro que la mayoría de las personas que conocía, pero competir con este tipo de gente eran ya palabras mayores. Jugaban en otra liga.

Seguimos avanzando hacia el río Bravo. Me sentía bien porque estaba vivo y sano. Tenía las armas cerca y, a estas alturas, ya no tenía la más mínima duda sobre mi capacidad. Si tenía que disparar lo haría. Si tenía que matar lo haría. Si tenía que comerme una rata cruda, no lo dudaría ni un instante. Habíamos dejado a los muertos tal cual estaban, sin enterrar, tirados en el desierto como perros. Me había sorprendido mi propia reacción: me había dado igual. No tenía remordimientos ni pena por ellos. Aquella era la ley del más fuerte, la ley de la selva. No había tiempo para compadecerse, simplemente había que seguir sobreviviendo. Cuando estás a casi cincuenta grados al sol no hay espacio para lamentarte, ese esfuerzo debes invertirlo en sobrevivir. Me iba curtiendo y endureciendo cada vez más, aunque no estaba seguro de si eso era bueno o malo. Lo que estaba claro era que ahora esa dureza podía salvar mi vida. Lo que en otro lado sería considerado insensible, allí era necesario. Pensé que había llevado una vida de timidez, miedos y angustias, que no había ganado nada con todos esos sentimientos. Sentí cómo la rabia invadía mi cuerpo. Ya estaba bien de tanta mierda. El sol caía a plomo, calentándome la cabeza y llenándomela de ideas insanas.

Mi mula se había quedado rezagada. Saqué una de las armas. Los otros dos seguían corriendo y cantando por el desierto. Le quité el seguro. Acaricié la pistola y clavé los talones en la mula, que se puso al galope en un instante. Cuando los adelanté a toda velocidad, me miraron asombrados.

—¡Aaaaahhh! —grité como un loco.

Capítulo 21. Calor y cólera

Rodearon la casa donde nos habíamos refugiado. Venían a vengar a los cazadores de espaldas mojadas que el Legionario había matado. Habían llegado al atardecer, cruzando el río Bravo y siguiendo nuestra pista. Nosotros habíamos pasado la frontera un día antes y, una vez en México, nos habíamos dirigido al poblado donde habíamos conocido al Legionario.

Tuvimos tiempo para verlos venir y prepararnos, no huimos. No parecía que el estilo de la gente del poblado fuera huir de los gringos.

El que habló era norteamericano; lo hizo en español, con un fuerte acento extranjero.

—Están rodeados. Si se entregan no les haremos ningún daño. Solo queremos llevarlos a nuestro país para que sean juzgados.

—¿De qué se nos acusa?

—De tráfico de drogas y de haber matado a varios compatriotas nuestros.

—¡Nosotros no traficamos con drogas! —gritó el Legionario.

—¡Ni hemos matado a nadie! —añadió rápidamente mi amigo, medio riendo, a la vez que nos susurraba: «Si lo negamos, lo negamos todo...».

Lo miré resignado. Una vez más haciendo gracietas cuando subía la tensión.

En el suelo había un verdadero arsenal con todo tipo de armas y munición. Todos los habitantes del poblado —mi amigo, el Legionario, yo y tres vecinos más— estábamos metidos en una misma casa, la que les había parecido más apropiada. Era una sencilla vivienda de un solo piso con gruesos muros para intentar proteger el interior del sofocante calor del desierto. Tenía cuatro ventanas, una en cada costado, lo que suponía una muy buena disposición para la defensa. El edificio estaba rodeado de una amplia zona llana, sin lugar alguno para esconderse; en caso de que quisieran acercarse serían un blanco fácil. No habían elegido aquella casa como refugio por casualidad, aquellos tipos sabían lo que hacían, eran profesionales.

—Quizá no se han dado cuenta, mis gringos, pero están en México y aquí no tienen jurisdicción sus leyes. ¿No vieron ese río que cruzaron para llegar aquí? —preguntó el Legionario.

—Quizá no se han dado cuenta, mis amigos, pero no es una misión oficial. ¿Ven aquí algún uniforme? ¿Les hemos leído sus derechos? Si se fijan con cuidado, ni siquiera estamos aquí. Estamos aún al otro lado del río. ¿No se dan cuenta? —respondieron ellos con la misma ironía.

—Pues entonces vengan aquí a buscarnos, mis putos. Los esperamos con regalos.

Y empezó la fiesta.

Un ruido ensordecedor de disparos rompió la calma del desierto. Los norteamericanos eran una docena, nosotros éramos justo la mitad. Dieciocho personas disparando son muchas armas, muchas balas y mucho ruido. Nosotros no podíamos apuntar bien porque no queríamos asomarnos mucho a las ventanas. Ellos tampoco podían acertarnos; la casa, con sus anchos muros, aguantaba bien los tiros. Al cabo de un rato, todos paramos de disparar. No merecía la pena gastar más munición. Vimos cómo se reunían para planear la forma de liquidarnos.

—¿Y ahora qué? —pregunté.

—Vamos a salir a por ellos —dijo el Legionario con mucha seguridad—. Podríamos esperar a que se cansen y se marchen, pero no se cansarán. Si han venido hasta aquí es porque tienen determinación, lo que no saben es que nosotros también la tenemos. Si esperamos, encontrarán la manera de matarnos. Además, ahora mismo no esperan que salgamos, suponen que será un largo asedio. Son el doble que nosotros, así que solo tenemos que matar a dos de ellos cada uno. No es tan complicado, un mexicano vale más que dos gringos. Se han agrupado, es nuestra oportunidad.

Realmente era una locura, pero a mí no me pareció tan mala idea. Empezaba a razonar de una forma que antes nunca habría imaginado. Si esperábamos iba a ser mucho peor. Elegí un AK-47 y una pistola del montón de armas que había en el suelo. Me guardé la pistola en el cinturón y sujeté el AK-47 con ambas manos, luego respiré profundamente.

—Uno saldrá por la puerta, el resto por las ventanas. Correremos hacia ellos y los balearemos. Sepárense, no se agrupen, tampoco es cosa de darles un blanco fácil —dijo el Legionario.

—Joto el último —susurró mi amigo.

Y todos salimos corriendo.

Ellos estaban aún agrupados, pensando en un largo asedio, en cómo dejarnos sin agua, en cómo aislarnos para que nos rindiéramos. No se lo esperaban en absoluto.

Corrí lo más rápido que pude, abriéndome con velocidad hacia un lado para no coincidir con nadie. No quería dejar a ninguno de los nuestros por detrás, no fuera que me dispararan por la espalda. Corría con furia. No disparaba, no gritaba, solo corría. Oía mi propia respiración y mis pulsaciones, oía mi grito interior, un grito ahogado mucho tiempo. Estaba harto de todo y de todos, si iba a morir me gustaría hacerlo llevándome a varios por delante. Me abrí tanto en mi carrera que, cuando llegué a ellos, los abordé de lado, casi por detrás. Empecé a disparar cuando ya estaba cerca. Lo hice de forma continua, vaciando el cargador del AK-47, luego saqué la pistola y disparé sin pensar hasta que me quedé sin balas. Los tenía a un par de pasos. Vi que mi amigo y el Legionario estaban llegando, ellos más de frente. La mayoría de los norteamericanos estaban en el suelo, muy pocos permanecían en pie. Loco de ira, tomé impulso y arrollé al primero que encontré. El impacto fue tan brutal que, con la inercia, tiramos también al que estaba a su lado. Caímos los tres al suelo y empecé a golpear con mi arma en la primera cabeza que encontré, un golpe rabioso tras otro. Cuando me pareció que paraba de moverse, sentí que me sujetaban por la espalda. Me giré, pero antes de poder reaccionar, unas grandes manos peludas se agarraron a mi cara intentando arrancarme los ojos. Sentí uno de sus dedos cerca de mi boca y lo mordí con todas mis fuerzas. Gracias a eso, paró de apretar y retiró las manos. Mientras aprovechaba para sujetárselas fuertemente, noté su aliento cerca. Eché la cabeza hacia atrás, para tomar impulso, y le di un cabezazo con todas mis fuerzas. Sentí dolor, pero la cólera lo superaba todo. Volví a tomar impulso y a golpear su cara, una y otra vez, hasta que se quedó quieto. La sangre que chorreaba de mi frente, lejos de asustarme, me enrabietaba. Me nublaba la vista, me irritaba con su asqueroso sabor. Sangre, sangre y más sangre. Calor y cólera. Me levanté para ir a matar al resto y vi que no quedaba nadie en pie. Recogí un rifle del suelo y empecé a disparar a todo aquel que vi tumbado. Los remataba como había hecho el Legionario. No quería dejar a nadie vivo, no quería que me dispararan, no quería esperar a tranquilizarme y ver que no me atrevía a rematarlos. Disparé a los heridos y a los muertos. Disparé a uno, a otro, a otro, a otro. Al siguiente no hacía falta, estaba como un colador; aun así, disparé. Entonces la rabia que cegaba mi mente se disipó un instante y me di cuenta: ni mi amigo ni el Legionario estaban en pie. Me giré, rápida y desesperadamente, buscando a mi amigo. Estaba tumbado en el suelo, inmóvil. Parecía muerto, pero cuando me acerqué oí su voz.

—Estoy herido.

Capítulo 22. El Pirulo

En todos los pueblos hay un loco, un tonto y un cura. Nuestro pequeño pueblo gallego también tenía un tonto y un cura, pero en lo del loco era diferente: en vez de uno había muchos, muchísimos. Entre todos ellos destacaba el Pirulo. Destacar como el más loco en un pueblo famoso por su legión de chalados no deja de tener su mérito. Te convierte en serio aspirante al, dudosamente honroso, título de campeón mundial de los desequilibrados.

El Pirulo estaba muy mal de la cabeza, pero no era peligroso. Vestía siempre igual, puede que fuera su única ropa. Chupa de cuero negro, pantalones vaqueros de pitillo y botas altas: ese era su uniforme. Nunca lo vimos vestido de otra forma. No le importaban los veranos ni los inviernos, el frío ni el calor. Tenía el pelo negro y largo, y una barba enorme. Era muy delgado, fuerte y fibroso como un leopardo. Su olor era muy peculiar: una mezcla de eucalipto, cuero y vino. Siempre, siempre, iba en su pequeña moto de *motocross*, de las de andar por la montaña. Lo veíamos como el último don Quijote, un caballero andante a lomos de su moto sucia de barro. Un tipo que había vencido al sistema, que era libre de verdad, porque el Pirulo no temía a nada ni a nadie.

Se contaban muchísimas historias sobre él, sobre su vida y su locura. Nadie sabía dónde vivía. Nunca lo vimos por las mañanas, aparecía a última hora de la tarde o durante la noche. Llegaba y se esfumaba. Siempre tenía algo de dinero, para vinos y para comprar la gasolina de su eterna moto. Era furtivo. Conseguía los mejores percebes que se puedan imaginar, verdaderamente enormes. Eso era porque iba a los sitios más peligrosos, incluso en los días de fuerte temporal. Nadie se atrevía a hacer lo que él hacía, nadie en su sano juicio. Pues eso.

No tenía barca, descendía por los acantilados para conseguir sus enormes percebes. Lo hacía atado a una cuerda, en zonas que solo él conocía. Con esos trapicheos iba apañándose la vida, consiguiendo pequeñas sumas de dinero cada vez que lo necesitaba. La Guardia Civil lo había pillado varias veces, y tenía numerosas multas sin pagar. El truco estaba en que es imposible embargar a alguien que no tiene ni cuenta en el banco, ni casa, ni posesión alguna. La moto no estaba a su nombre.

Era un ser querido en el pueblo, completamente loco, pero sin maldad. Tenía un valor temerario que le hacía subirse a la barandilla del puente y caminar con sus botas sobre ella. ¿Por qué? Porque podía. Vivía con la libertad del que no tiene miedo a nada ni a nadie. Apoyado sobre su moto, con un vino en la mano, dejaba que la lluvia lo empapara mientras cantaba a carcajadas. Era de trato agradable y conversación surrealista. Capaz de recitar poesía, de aullar a la luna por las noches —y no es una forma de hablar— o de soltarte alguna charla filosófica de calado, le gustaba hablar con la gente, con los borrachos preferentemente. Tenía momentos de profunda lucidez y reflexión, pero de repente su mente alzaba el vuelo. Un extraño e inesperado vuelo. Como he dicho, le gustaba la poesía. Recitaba con una voz grave y cascada, profunda y ronca, con fuerte acento gallego. Citaba, al azar, a Bécquer, a Machado, a Rosalía de Castro, a Miguel Hernández, a Quevedo, a Manrique, a Espronceda. Precisamente de Espronceda era su grito de guerra favorito:

Que es mi moto *mi tesoro,*

que es mi dios la libertad,

mi ley, la fuerza y el viento,

mi única patria, la mar.

El otro poema favorito del Pirulo era de Machado:

Yo, para todo viaje

—siempre sobre la madera

de mi vagón de tercera—,

voy ligero de equipaje.

Sobre su locura corrían distintas leyendas. Parece que su novia lo abandonó, aunque otros decían que murió. Entonces, algo dentro de él se rompió para siempre. Una tecla que queda presionada en el dispositivo de autodestrucción. Empezó a beber. Bebía cada mañana y cada noche. Bebía cada vez más y comenzó a tomar drogas. Las borracheras, mezcladas con pastillas, eran impresionantes. Gritaba y aullaba, corría desnudo. Algunas mañanas aparecía dormido en un portal encharcado en sus propios vómitos. Otras veces, habiéndose hecho sus necesidades encima, se quedaba tirado al lado de una farola.

Había sido marinero, aunque, lógicamente, dejó de trabajar. El patrón de su barco lo echó, y los demás no quisieron contratarlo. Eso fue al principio, luego ya no podía ni soñar con buscar trabajo. Era del todo imposible. Perdió todo lo que tenía. Lo que no se gastó en alcohol y drogas, simplemente lo perdió. Perdió la casa, el coche, los amigos, la familia y la razón. Tras una noche loca de alcohol y pastillas, su mente realizó un viaje sin retorno y se quedó así. No pudo regresar. Puede que fuera eso mismo lo que le salvó la vida. Su cerebro no podía aguantar más y se desconectó para siempre. Pasó a un nuevo modo de funcionamiento distinto, que evitaba que saltara la palanca cuando subía la tensión. Estuvo un tiempo enfermo, no se sabe si en un hospital o en un manicomio. Alguna vez nos hablaba de las pastillas que tomaba: rohipnoles —«reinolas» las llamaba él—. Cuando regresó al pueblo, traía ya su pelo largo, sus nuevas vestimentas y su locura totalmente asentada, aunque mucho menos brusca y violenta que la anterior. Empezó a recitar poesía y a hacer de furtivo. Poco después se compró la moto... y ahí sigue. Nadie fue capaz de hacer que entrara de nuevo en razón. No se logró que se acoplara de nuevo al sistema. Poco a poco, la gente que lo conocía antes de su locura ha ido muriendo u olvidando y ya nadie lo recuerda de otra manera diferente de la actual. Solo permanece él, con una salud de hierro. Ahora es mayor, aunque sigue sin tener apenas canas. Está algo encorvado, pero sigue haciendo de furtivo. Aunque los jóvenes suelen retarlo apostando vinos, nadie ha logrado aún vencerlo en un pulso. Es una referencia. Es nuestra Estatua de la Libertad. Nuestro símbolo, aunque también nuestro aviso y recordatorio. Pertenece a la memoria colectiva del pueblo. Es la piedra filosofal de varias generaciones y aún lo será de algunas más.

Lo que la gente no sabe es lo que nos contó en un momento de lucidez. Sabemos algo que el resto del pueblo desconoce. Puede que eso no le haga más grande, pero sí más humano. Para nosotros pasó de ser un mito a una persona de carne y hueso. Alguien que sufre se hace humano.

Tras mi encuentro con el Pirulo en el entierro de Quique Malo, tardé muy poco en reunirme con mi amigo y contarle lo que me había dicho. Estaba muy asustado, el Pirulo nos había visto y podía delatarnos. A ver si al final nos iban a pillar... ¡Joder! El plan perfecto hacía aguas por todos lados, como una barca mal calafateada.

Mi amigo, como siempre, mostro su carácter. Me hizo ver lo que tenía oculto por el miedo.

—Bueno, bueno. Vamos a ver... Vamos a estar tranquilos. A ver si me he enterado bien: ¿lo que nos preocupa es que el Pirulo, el más loco entre los locos, le vaya a la Guardia Civil con el cuento? Claro, claro, seguro que en el cuartelillo le hacen la ola de puro cariño que le tienen. ¡Si se presenta allí, doy mi paga de tres meses por verlo! Podría ser lo más gracioso y surrealista que he visto en mi vida. ¡El Pirulo, el mejor pescador ilegal de percebes, yendo voluntariamente al cuartelillo! ¿Crees que les recitaría sus versos? ¿Les invitaría a vino y marisco?

—No seas gilipollas. Puede que se lo cuente a alguien y que otra persona vaya a la Guardia Civil.

—¡Claaaaro! —respondió mi amigo—. Un tipo del pueblo se presenta a denunciar en plan: «Hola, buenos días, me ha dicho el Pirulo que el otro día vio a...». Inmediata interrupción de la Autoridad: «Perdone, ¿a quién vio el Pirulo? ¿A un perro volando? No se preocupe, vamos a destinar a veinte de nuestros mejores hombres para seguir esa línea de investigación. No escatimaremos recursos ni tiempo». Lo que dice el Pirulo va a misa. ¡No te jode! —gritó muerto de la risa.

No pude evitar echarme a reír. Tenía toda la razón. Me estaba volviendo paranoico.

Entonces empezó a imitar al Pirulo, que tenía una forma muy particular de hablar y expresarse.

—Los he vistoooo, señoría. Ellos estaban allííí. Mieeeeeenten, señoría... Me lo dijeron a mí... Yo estaba volando sobre ellos, en el país de los Seres Verdes. Los Seres Verdes son buenos y nos cuidan. Soy el rey de los Seres Verdes, señoríaaaaaaaa. Dos entran y uno sale, señoríaaaaa. Dos entran y uno sale. Muchos los llamados, pocos los elegidos, señoríaaaa.

»*Que es mi moto mi tesoro,*

que es mi dios la libertad,

mi ley, la fuerza y el viento,

mi única patria, la mar.

Me reí a carcajadas. Lo bordaba. Realmente bordaba la imitación. No solo lo que decía, sino cómo lo decía, los gestos que hacía. ¡Era para darle un Oscar!

—Tengo una idea —propuso—. Vamos a hacer una barbacoa en la playa y vamos a invitar al Pirulo. Seguro que se anima. Así hablamos con él y le sonsacamos lo que podamos. Seguro que aprendemos algo. Es un personaje a estudiar. ¡Lo mismo incluso nos dice dónde se consiguen los mejores percebes!

Tardamos un par de días en organizar lo de la barbacoa. Había que pedir permiso en casa, comprar la comida y la bebida y confiar en que el Pirulo se pasara por allí. Esta última parte era la más difícil porque el Pirulo tenía el don de aparecer y desaparecer de la nada. Nadie sabía nunca dónde se encontraba exactamente, hasta que aparecía. Ni siquiera sabíamos dónde dormía. Simplemente se presentaba cuando lo consideraba oportuno. No era posible buscarlo, era él el que te encontraba a ti.

—No te preocupes, nosotros hacemos la barbacoa. Si él no viene, tendremos que repetirla otro día. ¡Vaya enorme disgusto! —bromeaba mi amigo.

Llegó la noche de la barbacoa. La playa y el pueblo estaban vacíos a esa hora, era un día de diario. Una gran hoguera ardía ante nosotros. Se había encargado mi amigo; siempre lo hacía él, le fascinaba el fuego. Lo miraba durante largo rato, embelesado, con devoción, sin pestañear. Terminaba siempre con los ojos rojos por el humo, con la cara tiznada y con olor a leña quemada. A él no le importaba, era el dueño del fuego, el encargado del proceso, el responsable de las llamas. Veía cómo el fuego iba creciendo y decreciendo. Crecía al prender el papel de periódico, decrecía al meter los troncos más gordos y crecía de nuevo cuando estos prendían. Finalmente dejaba unas brasas de un rojo fascinante.

Cuando las brasas estuvieron hechas, empezamos a asar los chorizos. Mientras esperábamos, fuimos comiendo patatas fritas y dándole tragos a un barato vino de tetrabrick. No habíamos hecho calimocho, faltando a nuestras costumbres, por deferencia al Pirulo. Él no era de mezclas, era de vino a secas. Mezclarlo era menospreciar cualquier vino, incluso ese. En aquel instante pensé que deberíamos haber comprado algo de mezcla por si el Pirulo finalmente no aparecía... Pero apareció.

Lo primero que oímos fue su moto; luego llegó él, paseando entre los arbustos de la playa. Muy en su línea, olió el vino y se sumó a la reunión. Era justo en lo que confiábamos. Decían que aquella sobredosis de pirulas le había dado superpoderes y que, como los buitres con la carroña, él era capaz de olfatear el vino a muchos kilómetros de distancia. Verdad o mito, el caso es que apareció donde se le esperaba. Traía un vaso vacío. Sin preguntar, como era su costumbre, se sentó cerca, sin arrimarse demasiado. Le invitamos a que se acercara más y se dispuso entre nosotros. Cuando le pasamos el cartón de vino, se sirvió hasta dejar su vaso lleno. También le ofrecimos comida, pero de eso no quiso. Bebió tranquilamente, a pequeños y espaciados tragos. Yo estaba callado, expectante; mi amigo intervino.

—*Yo quiero ser llorando el hortelano*
  de la tierra que ocupas y estercolas...

Pasaron unos instantes. Nadie dijo nada. El Pirulo parecía abstraído en sus pensamientos, hasta que también habló.

—*... compañero del alma, tan temprano.*

—*Daré tu corazón por alimento* —continuó mi amigo—. *Tanto dolor se agrupa en mi costado...*

—*... que por doler me duele hasta el aliento* —contestó el Pirulo.

Una lágrima salió del ojo derecho del Pirulo. Una lágrima enorme rodó sin prisa por su cara, hasta perderse en su barba. Salió con naturalidad, él no cambió el gesto en absoluto: no puso cara de tristeza ni de lloro. Simplemente salió del ángulo de su ojo y bajó por su mejilla. Tragó saliva y su gran nuez se desplazó arriba y abajo, como si tuviera vida propia. Entonces empezó a recitar, repitiendo continuamente.

—*No perdono a la muerte enamorada,*

no perdono a la vida desatenta,

no perdono a la tierra ni a la nada.

Nunca lo habíamos visto así. Era un loco, sí, pero un loco alegre. Cantaba, soltaba sus rollos místicos, sus locuras surrealistas, pero no lloraba, no estaba triste. Nunca le habíamos visto llorar. Siguió repitiendo su letanía un rato, cada vez más bajo, hasta que se convirtió en un leve susurro acallado por el crepitar del fuego.

—*No perdono a la muerte enamorada,*

no perdono a la vida desatenta,

no perdono a la tierra ni a la nada.

Cuando casi no se le oía, mi amigo volvió a recitar con un tono muy agradable y conciliador, un tono suave que transmitía confianza y cariño.

—*A las aladas almas de las rosas*

del almendro de nata te requiero,

que tenemos que hablar de muchas cosas,

compañero del alma, compañero.

Mientras recitaba las dos últimas estrofas, posó lentamente la mano en el hombro del Pirulo. Luego la retiró con suavidad y se hizo de nuevo el silencio. Esperaba impaciente la siguiente reacción del Pirulo, pero parecía haber quedado mudo. Mi amigo volvió a hablar.

—Yo sé bien lo que es perder a alguien que quieres. Pasan los días y crees que debes olvidarlo, pero no lo olvidas. Cada día, al levantarte, está ahí. Cada noche, al acostarte, se acuesta contigo. Pasa el tiempo y el dolor continúa. La gente dice que lo superarás, pero no lo superas, por lo que algo extraño hay en ti. ¿O son ellos los extraños? ¿Por qué ha de olvidarse?

Se hizo un breve silencio.

—Os voy a contar algo que nunca le he contado a nadie antes —continuó mi amigo—. Siempre lo he guardado para mí, creo que ha llegado la hora de compartirlo. Tenéis que jurarme que no saldrá de aquí, que quedará entre nosotros.

Yo lo juré y el Pirulo asintió levemente, con un movimiento imperceptible de cabeza.

—Yo maté a mi hermano pequeño —dijo mi amigo secamente.

Capítulo 23. Hasta el final

Nos habíamos baleado hasta reventarnos en aquel pueblo fronterizo del desierto. Al final de la masacre, solo tres habíamos quedado vivos: mi amigo, el Legionario y yo. La rabia contenida en aquella atmósfera de calor asfixiante había terminado así.

Yo era el que mejor estaba. Tenía una brecha en la frente y arañazos alrededor de los ojos, nada grave. El Legionario cojeaba, había recibido un disparo en la pierna. A mi amigo le habían disparado en el estómago. Necesitábamos urgentemente un médico.

El Legionario se hizo un torniquete en la pierna con una cuerda apretada y dejó de sangrar. Yo me ocupé de la herida de mi amigo. Estaba en pleno estómago. Le puse una sábana enrollada alrededor del torso para que no sangrara tanto, pero no sirvió de mucho. Aunque se encontraba en muy malas condiciones, fue capaz de montar a caballo. No teníamos otra opción que esa, así que salimos inmediatamente, no había tiempo que perder. Si nos quedábamos allí incomunicados, morirían ambos. Había que ir a buscar un médico y el más cercano estaba muy lejos.

No sé cómo aguantaron, pero aguantaron. Llegamos a una carretera y allí nos paró una ranchera. Nos subimos en la parte de atrás. Ellos iban tumbados sobre el suelo, yo a su lado. El viaje se me hizo eterno, era horrible y angustioso ver el sufrimiento de mi amigo. Creí que moriría antes de llegar.

Cuando por fin llegamos a la consulta del médico, la ilusión de ver salvado a mi amigo se esfumó. Ni aquel cuchitril parecía una consulta, ni aquel hombre parecía un médico. Nada más ver la herida de mi amigo, meneó la cabeza.

—No hay nada que hacer. No tengo ni el material ni los conocimientos necesarios, no hay un hospital ni ningún otro médico en muchos kilómetros a la redonda, va a morir. Voy a intentar salvar al otro. Una bala en la pierna es otra cosa, se la voy a sacar ahorita mismo. No hay tiempo que perder, quédense en esa habitación mientras yo opero.

La delicadeza no era lo suyo. Me quedé con mi amigo, que lo había oído todo, y le ayudé a recostarse en un camastro que había en la casa del médico. La habitación era pequeña y hacía calor. Mi amigo tenía fiebre y sudaba. Olía mal, raro, a muerte. La parca sobrevolaba la habitación, casi podía sentirse. Le miré y vi su mala cara, sus ojeras, su pelo pegajoso, su venda ensangrentada, su piel blanca... Iba a morir y lo sabía.

—Tendrás que regresar a España solo —dijo sonriendo—. No volveré a ver el pueblo. Lo echaré de menos.

—No te vas a morir —repliqué poco convencido.

Me di cuenta de que era un comentario estúpido, ¿pero qué más daba?

—No. Viviré trescientos años, como el Pirulo. O quizá viva menos, como el toro de Sombra Oscura. El toro de Sombra Oscura... —suspiró—. Nunca te conté cómo lo maté.

—¿Lo mataste?

—Con tréboles.

—¿Con tréboles?

Mi amigo hablaba con un hilo de voz, de una forma rápida, apresurada.

—Le llevé una barbaridad de tréboles. Estaban húmedos, jugosos, fresquitos. Se hinchó a comer, hasta que reventó. El truco me lo enseñó un ganadero amigo de mi padre, un tipo fantástico del que aprendí mucho. Lo que le pasó se llama timpanismo. Si una vaca, un toro en este caso, se hincha a comer tréboles, estos generan una especie de espuma densa en su estómago. Eso impide que eructe, no permite que salga el aire. Su estómago va aumentando de volumen hasta que el animal no puede respirar y al final muere ahogado. Un animal duro y fuerte, de cientos de kilos, reventado por unos simples tréboles. ¿No es gracioso?

Entonces lo vi todo muy claro.

—Joder. Fuiste tú el que soltó las vacas en el *Lucky Clover*.

—Irónico, ¿no? Al final tenía razón: acabados los tréboles, se le acabó la suerte. ¿Te imaginas la que se debió de armar unas horas después de que nos fuéramos? Un rebaño entero de vacas ahogándose son muchas vacas. Nunca lo sabré, seguro que fue impresionante. No creo que tuvieran fácil sacar la droga con semejante número. Valientes animales, cumplieron su cometido.

—No parece una muerte agradable. Tantos animales sufriendo... —meneé la cabeza—. Serás cabrón... —No se puede insultar a alguien que se está muriendo. No seas animal. Se estaba muriendo y me seguía tomando el pelo y manipulando. No supe qué decir.

—Quiero pedirte algo. Cuando muera, córtame un mechón de pelo y llévatelo al pueblo. Tienes que soltarlo dentro de la Roca de los Desaparecidos.

—Deja de joderme. No pienso regresar jamás a esa maldita roca. Deja de hurgar en mis fantasmas.

—Tráeme un bolígrafo, papel y dos sobres.

—¿Cómo?

—Un bolígrafo, papel y dos sobres. Pídeselos al dueño de la casa ahora mismo. No queda mucho tiempo. Tengo que hacer testamento. Es muy importante.

Cuando volví, mi amigo estaba adormilado, se despertó al oírme. Le dejé los dos sobres, los folios, el bolígrafo y un libro para que se apoyara al escribir.

Al cabo de unos minutos me llamó. Me dio solemnemente los dos sobres. Estaban cerrados.

—Tienes aquí dos sobres. El sobre que tiene escrito el número 1 es para cuando creas que vas a morir. El sobre que tiene el número 2 es para cuando vuelvas a creer que vas a morir. Guárdalos y no los pierdas jamás. Pueden salvarte la vida. No hay más sobres, no hay más vidas. Ojalá pudiera escribirte siete sobres, como si fueras un gato, pero solo te doy dos. Si te pasa una tercera vez, o te las apañas sin sobres o *game over*. Tienes el truco para matar al monstruo del final de la primera fase, también para matar al de la segunda fase. A la tercera no he llegado, ni llegaré ya, así que ese tendrás que matarlo tú solo.

—Sigues con tus tonterías. ¿Ni ahora vas a parar?

—Ahora menos que nunca. Tengo que hacer varias cosas graciosas y me queda muy poco tiempo. Tengo que darme prisa. Júrame que no los vas a abrir hasta que estés a punto de morir.

—Lo juro.

—Júramelo por mis padres.

—Te lo juro. Oye, ¿y tus padres? ¿No hay una carta para ellos?

—A mi madre dile que la quiero muchísimo. A mis hermanos diles que siempre han estado conmigo, que en la otra vida cuidaré de nuestro hermano pequeño. Por fin me reúno con él, espero cuidarle mejor que la última vez. A mi padre cuéntale lo de la carrera por el desierto, lo de los tiros, dile que estaba bien entrenado. Cuéntale que me torturaron y me cortaron un dedo, pero lo escupí y les dije que ese no me gustaba, que quería que me cortaran otro.

—Déjate de coñas. No seas idiota.

Noté que se iba. Las fuerzas le abandonaban definitivamente.

—Acércate. Tengo una última cosa que decirte.

Me acerqué.

—Acércate más.

Me pegué a él, esperando que me susurrara algo importante. Esperaba unas últimas palabras en confidencia.

Hizo un último esfuerzo, suficiente para levantar el brazo y darme un manotazo en la cara. Fue un golpe flojo, pero tan inesperado que me dolió un poco, me acertó en todo el ojo.

—Añora ya estamos en paz. Te debía este puñetazo desde hace años. Ya no debes sentirte mal. Ja, ja...

Y murió riendo. Usó su último aliento para darme un puñetazo. ¡Maldito idiota! ¿Quién usa sus últimos instantes en la vida para darle un puñetazo a un amigo y gastar una especie de broma? ¿Quién le encuentra la gracia a eso? Lo miré y estaba sonriendo. Había muerto con una sonrisa en la boca, ni siquiera la muerte le pareció seria, como si hubiese logrado burlarse incluso del momento más trágico posible. Se había tomado la vida a broma y también la muerte. Decían que se rió al nacer, algo muy extraño. No sé si sería verdad, pero sí sé que rió al morir, algo también muy raro para el que no lo conociera. Toda una vida dedicada a ese peculiar sentido del humor.

Recogí las dos cartas y los folios que no había usado. Al hacerlo noté algo raro. En ese instante me di cuenta de que algo faltaba, fue una intuición. Busqué en el bolsillo de su pantalón y allí estaba: entre los bolígrafos que tenía, encontré el que yo le acababa de dar.

Estaba empezando a intuir sus bromas. Intuir es, a veces, el principio de comprender. Comprender es el paso previo para respetar y de ahí a admirar el camino ya no es tan largo. Me descubrí a mí mismo sonriendo al lado de mi amigo muerto. Entonces sollocé y volví a reír. Menudo personaje.

Al día siguiente, cuando iba camino de la funera-
ria, pasé por delante de un mercadillo de fruta. No
pude contenerme y compré unos tomates. Gasté mis
últimos pesos en esos tomates y en el entierro.

Antes de cerrar la tapa del féretro metí los bolígrafos en su bolsillo y puse los tomates a sus pies. Así fue
como lo enterré, no podía ser de otro modo.

Capítulo 24. Consecuencias

Al salir del entierro de mi amigo había dos matones esperándome. Me salieron al paso y me dijeron que subiera a un coche que tenían aparcado allí mismo, en la puerta del cementerio. Vestían de negro, tenían gafas negras y su coche era negro, con los cristales tintados. Aquello no tenía buena pinta, pero no pude hacer nada. Cuando me abordaron, miré alrededor y no había nadie cerca. Nadie conocía a mi amigo, al entierro solo habíamos acudido el cura, el enterrador y yo. Ellos se habían quedado dentro del camposanto y yo me encontraba en la puerta, completamente solo.

Me cachearon antes de entrar en el coche. No tenía más que mi pasaporte y mi cartera. Dentro de la cartera no había dinero, solo dos sobres. Nada realmente interesante para aquellos tipos.

Tardamos bastante en llegar a nuestro destino, nadie habló durante el viaje. Ellos iban delante, callados, escuchando corridos en la radio. Yo iba detrás, callado, pensando en todo lo que me había pasado. El largo viaje en el asiento de atrás del coche me recordaba los trayectos de regreso de los veranos de mi infancia. Unos viajes tristes, melancólicos, en los que sabías que dejabas atrás vivencias que nunca volverían. Ahora ya no solo dejaba atrás sitios a los que nunca volvería, dejaba atrás a mi amigo.

Fuimos directos a un rancho que reconocí: el del señor Cabeza de Vaca. Nada más pasar, las enormes puertas se cerraron detrás de nosotros.

El dueño me estaba esperando. Estaba sentado en una mecedora, fumando en el porche. Los matones me acompañaron hasta dejarme delante de él, luego dieron un paso atrás.

—Su amigo murió —empezó el señor Cabeza de Vaca—. Es una pena. Al final siempre se van los mejores...

Pensé que mi amigo se había ido y yo no. Si se iban los mejores, entonces yo era de los... Sonreí inconscientemente.

—¿Le hacen gracia mis comentarios o la muerte de su amigo? Ahora me queda usted con sus sonrisas y un negocio que se me ha complicado y me ha supuesto ciertas pérdidas. A mí eso no me hace gracia. He tenido mis informadores, ahora quiero oír su versión. Quiero que sea sincero, se lo ruego, porque de otra forma va a haber dolor. A mí me va a doler que me mienta y a usted le van a doler las consecuencias de sus mentiras.

—¿Por qué iba a mentir?

Ignoró mi comentario y siguió hablando.

—Como les comenté la otra vez que los vi, soy veterinario, así que estoy acostumbrado a tratar con animales. Tengo conocimientos médicos que sé usar con precisión y, llegado el caso, con brutalidad. Le pondré algunos ejemplos. Hay una manera de castrar a los toros jóvenes muy eficaz: se trata de ponerles una goma muy apretada en los testículos. La goma hace que dejen de estar irrigados, es decir, que les deja de llegar sangre. Entonces los tejidos se van secando y muriendo. Finalmente, los testículos secos se les caen como uvas pasas. No es mala manera de castrar, hay alternativas peores... Aún recuerdo mi primera mañana castrando cochinos. Agarras fuerte los huevos para que quede bien tirante la piel del escroto y realizas una incisión. Entonces aprietas y el testículo sale. Una vez fuera, tiras con fuerza y lo arrancas (no lo cortas porque al arrancarlo sangra menos que al cortarlo). Una vez arrancados, se los echas a la madre y a los hermanos, que se los comen inmediatamente. Todo sin anestesia. No sabes lo que puede llegar a gritar un cochino cuando le haces eso. Cuando lo sueltas, se frota el culito contra el suelo. Es muy divertido, quizá haga usted lo mismo cuando se los arranquemos... ¿Qué le parece? La verdad es que yo prefiero lo de las gomas. Es menos impresionante, pero más lento. Sentir cómo vas perdiendo poco a poco tus genitales produce un dolor no solo físico, sino psicológico. Tienes días enteros para pensar en cómo se te van secando... El caso es que puedo elegir cualquiera de las dos maneras. ¿Tiene alguna preferencia? ¡Vaya! ¿Ya no sonríe? Mejor así.

A estas alturas ya no me quedaba nada, ni miedo. Estaba tan harto que no tuve todo el miedo que él esperaba.

—Me he reído porque mi amigo me enseñó que la vida es una broma. Llevo una semana rodeado de muerte. Solo el hecho de estar vivo es algo que me alegra. ¿Quiere que le cuente lo que ha pasado? Yo se lo cuento, no hay nada que ocultar. Quizá le sorprenda que yo haya sobrevivido. Ha muerto el Tarahumara, ha muerto mi amigo, han muerto muchos más, y yo no he muerto. Puede parecerle curioso, sospechoso o hasta injusto, lo comprendo. ¿No ha pensado que a veces no sobrevive el más fuerte, ni el más preparado, ni el mejor? No se trata de quién debe morir. Aquel al que le toca vivir vive; aquel al que le toca morir muere. A mí me ha tocado vivir. ¿Le molesta que yo haya superado lo que otros, a los que respetaba más que a mí, no han sido capaces? ¿Quiere que le pida perdón por estar vivo? Se equivoca conmigo.

Permaneció mirándome largo rato.

—Encasillamos a la gente con rapidez excesiva. No suelen fallar las primeras impresiones, pero a veces nos equivocamos. Me he equivocado con usted, pero eso no va a volver a ocurrir. ¡Traigan dos sillas!

Los matones pusieron dos sillas enfrentadas. Él se levantó de la mecedora y se sentó en una. Me ofreció la otra para que me sentara. Estábamos muy cerca, uno enfrente del otro.

—¿Cuál es su color favorito?

—El azul.

—¿Cuál es su equipo de futbol?

—El Deportivo de La Coruña.

—Vale, ahora cuénteme todo lo que ha ocurrido desde la última vez que le vi.

Le conté todo lo que había pasado. No mentí ni exageré. No tenía sentido hacerlo, no tenía nada que ocultar. Él me miraba fijamente a los ojos y asentía. Cuando terminé, permaneció callado.

—¿Sabe lo que pasó después de que se fueran del rancho *Lucky Clover*?

—¿Qué pasó?

—Se lo voy a contar —me dijo sin dejar de mirarme a los ojos—. Poco después de que ustedes se fueran, las reses enfermaron. Se hincharon como globos y murieron. ¿Lo sabía?

—Cuando nos fuimos el ganado estaba sano y no he tenido posibilidad de enterarme de lo que pasó tras nuestra marcha del rancho.

—Dice la verdad, pero no ha respondido a la pregunta. ¿Lo sabía?

—No. Ya se lo he explicado.

—Ahora miente.

Le hizo un gesto a uno de sus matones. El muy bestia se me acercó por detrás y me dio tal bofetada que me tiró al suelo. Me ayudaron a levantarme y me sentaron de nuevo en la silla. La cara me ardía y estaba un poco desorientado. Me quedé pensando un instante. Proteger a un muerto no tenía sentido, pero me parecía muy mezquino echarle la culpa de todo a mi amigo, aunque fuera la verdad.

Una nueva bofetada me ayudó a decidirme: no les iba a decir nada a esos cabrones.

Entonces me derribaron al suelo y empezó la paliza. Me llovieron todo tipo de patadas y pisotones. Me cubrí como pude, haciéndome un ovillo y protegiéndome la cabeza con los brazos. Los golpes no cesaron hasta que habló Cabeza de Vaca.

—Vayan a por las gomas para castrar. Vamos a estrangular sus huevos a ver si empieza a hablar, aunque sea más agudo.

Uno de los matones fue a buscar las gomas y Cabeza de Vaca entró un momento en la casa, así que me quedé solo con el otro matón. A pesar de que estaba bastante vapuleado, intenté pensar con rapidez. ¿Qué habría hecho mi amigo en este caso? Pensé en contarles una historia sobre un huerto de tomates... No, esa no era la solución. Aunque me molestaba ceder, tendría que decir la verdad sobre la culpa de mi amigo en todo el asunto. ¿Hasta dónde podría llegar ese maldito loco? Lo de castrar no parecía un farol. ¿Qué habría hecho mi amigo en esta situación? ¿Habría acusado a un muerto? Entonces me acordé: ¡los sobres! ¡Los malditos sobres para cuando estuviera en peligro mi vida! Aún estaban en mi cartera. ¿Qué tendrían dentro? ¿Cheques? ¿Dinero? Mi amigo era muy rico...

Llegó el matón con las famosas gomas de castrar. Justo cuando se disponía a empezar, apareció Cabeza de Vaca.

—¿Puedo sacar un sobre de mi bolsillo? —pregunté rápidamente.

Los guardaespaldas se pusieron muy tensos, pero su jefe les hizo un gesto tranquilizador. Saqué mi cartera, la abrí y extraje uno de los dos sobres que en ella había. Únicamente tenía un número escrito: el 1. Uno de los guardaespaldas me lo arrancó de la mano y se lo dio a Cabeza de Vaca, que tuvo que romperlo para abrirlo. Dentro del sobre había un papel con un nombre: señor Cabeza de Vaca. El susodicho me lo enseñó con una expresión de incredulidad.

—¿El sobre es para mí?

Mi cara de sorpresa debió de ser mayúscula. No entendía nada. ¿Cómo había sabido mi amigo lo que ocurriría?

—¿Para usted? ¿Es para usted? —pregunté totalmente desconcertado.

Al ver mi reacción, Cabeza de Vaca también pareció sorprendido. Bajó la mirada y empezó a leer. Mientras leía, su cara cambió totalmente. Pasó de la incredulidad al enfado, luego a la risa y a la curiosidad. Cuando terminó, cerró la carta y se quedó mirándome fijamente.

—¿Sabe lo que pone la carta?

—No —respondí sincero e intrigado.

—¿No sabe nada de lo que pone?

—No. La escribió mi amigo justo antes de morir y me dio el sobre cerrado. Me hizo jurar que no lo abriría. No se ha abierto hasta ahora.

Tras examinar la veracidad de mis palabras, permaneció un rato pensando. Luego habló lentamente.

—Su amigo era una persona excepcional. Mucho más listo de lo que se imagina. Sabía perfectamente lo que iba a ocurrir. No deja de tener su lógica que yo fuera a por ustedes después de lo del *Lucky Clover*... Aun así, tiene mucha gracia y atrevimiento lo que me plantea. Tiene suerte de tener... Tiene suerte de *haber tenido* —se corrigió haciendo mucha incidencia en la forma verbal— un amigo así. Le ha salvado la vida.

Tras un breve silencio, se dirigió a sus matones con gran firmeza.

—Llévenselo y que se bañe. Es nuestro invitado.

Capítulo 25. Confesiones

Mi amigo tuvo un hermano menor, murió cuando era pequeño. Era otra de las típicas historias que todo el mundo conocía en el pueblo, aunque nadie se atrevía a preguntar abiertamente. Era mucho mejor especular, imaginar y suponer. Nunca le había preguntado sobre ese asunto y él nunca lo había sacado.

Mi amigo se quedó mirando al fuego fijamente y empezó a hablar:

—Todo empezó como un juego. Mis padres se fueron a comprar algo, mis hermanos mayores salieron por ahí. Nos dejaron solos a los dos más pequeños: a mi hermano y a mí. Se supone que debía cuidar de él. Estábamos jugando a los ninjas. En la cesta de costura de mi madre encontramos unas cintas y nos las atamos a la cabeza, cada uno con su color. Yo era el ninja negro y mi hermano el blanco. Estábamos riendo y saltando de sofá en sofá. Nos intentábamos pillar el uno al otro, nos empujábamos. En un momento dado, lo empujé y cayó al suelo de espaldas. La altura no era mucha desde el sofá, pero cayó mal y se desnucó. Así de rápido, así de inesperado, así de estúpido. En un instante estábamos riendo y jugando, segundos después él estaba muerto. Una caída de las que todos hemos tenido miles, pero él nunca más se volvió a

241

levantar. El resto lo recuerdo como en una película. Todo ocurre a cámara lenta, como recreándose en la angustia y el sufrimiento de aquellos instantes. El intentar reanimarlo, la llegada de mis padres a casa, la llamada al médico, los llantos, los gritos de dolor... Todo lo revivo tan lentamente que dura una eternidad. Lo peor es que todo aquello no sirvió de nada. Nadie pudo ya devolverme a mi hermanito. Lo empujé. Fue mala suerte, no fue mi culpa ni mi intención, pero yo lo empujé. Nunca más pude volver a jugar con él, decirle que lo quería. Tengo que vivir con eso.

Permanecimos callados. Mi amigo seguía mirando al fuego fijamente. Aunque deseaba decirle algo, las palabras no me salieron. Pensé que él ya lo sabía y nada de lo que dijera iba a cambiar su dolor. Dudé mientras pensaba todo eso y se me pasó la ocasión de hablar. Cuanto más tiempo pasaba, más inapropiados me parecían mis posibles comentarios.

Entonces sucedió lo que menos podía imaginar: el Pirulo comenzó a hablar con gran cordura. Se expresó como siempre, en castellano con fuerte acento gallego, pero su voz sonó más profunda y atrancada de lo habitual. Como si la fluidez que solía tener en sus momentos de locura se perdiera al recobrar la razón. Las palabras le salieron lenta y dificultosamente, con la torpeza del que lleva mucho tiempo sin hablar.

—Una pérdida te desgarra por dentro. Sientes un dolor tan fuerte que crees que se te va a reventar el corazón, que se te van a salir las tripas por la boca. Quieres correr hasta caer muerto, gritar hasta enmudecer, y no lo logras. Sobrevives y, muy a tu pesar,

242

ves que los días pasan. Nadie es consciente de la gravedad de la pérdida, la vida sigue avanzando cruel y fríamente. El mundo rueda y tú no puedes permitir que siga como si nada. No se te permite bajarte, dejar de girar con la Tierra. Quieres acabar con tu vida, quizá esa sea la única forma de parar, pero el dolor es tan fuerte que te impide matarte. Te regodeas en tu propia pena, disfrutando del castigo que sufres para redimir tu culpa: la de seguir vivo. Luego piensas que quizá la única forma de detener el mundo sea seguir en él. Sufrir, para que tu continua penitencia ayude a recordar su muerte. Entonces te recreas aún más en tu desgracia. La única razón por las que vives es para llevar flores a su tumba. Cierras los ojos y recuerdas cada momento que pasasteis juntos. Eso te hace feliz y también te hiere de forma insufrible. No puedes trabajar, te niegas a aceptar que la vida siga como si nada. La gente lo comprende y espera que se te pase. Todos lo terminan superando, pero tú no lo superas. Pasa el tiempo, el dolor debería remitir y no remite. Según el resto, debes ir afrontando la pérdida. Tú no lo logras, tú no eres así. Entonces ves que la gente empieza a extrañarse. Según la mayoría, deberías superarlo, ya pasó mucho tiempo. Les molesta, porque ellos sí superaron sus pérdidas. Eres el recordatorio de que puede no olvidarse, puede no dejarse pasar. Tú no piensas en eso, solo piensas en tu tristeza. No hay fuerza que la mitigue. Pruebas analgésicos y no funcionan; pruebas el alcohol y no funciona; aunque pruebas las drogas, sigue ahí. Tu alma se perdió para siempre en una selva oscura. No la quieres recuperar, pero eres consciente de que, aunque quisieras, no podrías. Se extravió sin retorno. No merecías lo que pasó, no es justo; la vida no lo es. Un día conoces a los Seres Verdes. Saben que estás roto y no intentan arreglarte, solo quieren ponerte a prueba. El reto es muy duro, debes jugarte la vida. Si sobrevives, te darán libertad. Te gustaría morir en el intento, así que aceptas. Entonces ocurre algo inesperado: superas la prueba. Entras y sales, ya eres libre, aunque no siempre ni para siempre. Tienes ratos de libertad porque lograste superar la prueba, pero hay ocasiones en que vuelve tu dolor. No quieres ni puedes olvidarlo del todo. Ni siquiera los Seres Verdes te ayudaron totalmente. Eso sí, los que te ven la recuerdan. Ella era tan importante que tú, de alguna forma, paraste el mundo. Lo has logrado. Aunque te consuela saber que hay cosas que no dan igual, que no se dejan correr, eso no te ayuda a ser feliz.

»*Pero mudo y absorto y de rodillas,*

como se contempla a Dios ante su altar,

como yo te he querido…; desengáñate,

así no te querrán.

»Los Seres Verdes me quieren porque yo soy su rey. ¡Soy el rey de los Seres Verdes!

A partir de ese momento, empezó a desvariar tanto como de costumbre. Le intentamos hacer algunas preguntas para reconducir la conversación, pero fue imposible. No le sacamos ya de sus locuras y poemas.

Cuando se levantó para irse, mi amigo se levantó también. Se puso de pie a su lado y apoyó sus manos en los hombros de aquel pobre loco. El Pirulo hizo lo mismo y permanecieron así, mirándose fijamente unos largos segundos.

—¿Tú también dudaste? —preguntó el Pirulo.

—Sí —respondió mi amigo.

—¿Por qué elegiste esa opción?

—La elegí para vivir.

—¿Para vivir? ¡¿Para vivir?! ¡Tú estás loco! Yo la elegí para morir —exclamó el Pirulo extrañado—. Habla con don Prudencio, él sabe.

Dicho eso, el Pirulo se retiró cantando sus poemas.

—*Don Prudencio lo sabe,*
don Prudencio me escucha.
Don Prudencio me guía
en el fuego y la lucha.

Me quedé extrañado. ¿Qué era eso de dudar? ¿Qué era eso de elegir la opción para vivir o para morir? Le pregunté a mi amigo sobre esa conversación, pero respondió que se había limitado a seguirle el juego al Pirulo para ver si le sonsacaba algo. Sin embargo, sospechaba que estaba ocultando algo. Traté de insistir y zanjó el tema con una de sus salidas:

—¡El Pirulo me ha llamado loco! ¿Te das cuenta? ¡El Pirulo! Soy el mejor. ¡El rey de la locura! Es como si Pelé te llama goleador, como si Gandhi te llama pacifista. He logrado algo grandioso. Ahora soy el emperador de los Seres Verdes, debes rendirme pleitesía.

Me reí sin demasiadas ganas. Aquella noche me había dejado un sabor agridulce. Demasiadas confesiones tristes, demasiadas emociones, demasiadas desgracias.

El Pirulo había tenido un rato de lucidez inusualmente largo y nos había contado algo que no sabíamos, pero lo que realmente nos interesaba seguía aún en el aire. Lo de que nos hubiera visto en la Roca de los Desaparecidos era un problema ¿Y si empezaba a tener momentos de mayor lucidez? ¿Podría terminar delatándonos? Después de aquella noche empecé a considerar que el Pirulo no estaba tan loco como parecía, ni mucho menos.

Capítulo 26. Cuentas pendientes

Hay ocasiones en que olvidas una pequeña ventana abierta cuando cierras la puerta de tu casa. Sales del pueblo, sales de la provincia, sales incluso del país; pero la ventana, esa pequeña ventana, sigue abierta y tú lo sabes. Por muy lejos que estés en el espacio o en el tiempo, esa ventana escuece. Entonces llega un momento en que simplemente tienes que volver y cerrar la jodida ventana. No importa lo lejos que estés, no importa el tiempo que haya pasado, no importa que nadie más lo sepa. Tienes que volver y cerrarla.

Me encontraba en la cima de la Roca de los Desaparecidos. Había pasado una década desde lo de Quique Malo y todo seguía igual: otra vez en el mismo sitio, a punto de saltar. Ya no era un crío, ahora era un hombre, o eso pensaba yo. Ya no tenía terror, ahora era solo miedo. A mi espalda estaba el señor Cabeza de Vaca con sus dos matones. El tiempo no ayudaba. Era un día de septiembre lluvioso y con niebla. La lluvia caía constantemente y nos empapaba a los matones y a mí. El señor Cabeza de Vaca se mantenía seco gracias a un elegante paraguas que le sostenían. Vestía de forma impecable. No sabía cómo, pero no se había manchado ni despeinado, en absoluto, a pesar del trayecto en lancha y la escalada a la Roca de los Desaparecidos. Habíamos volado desde México a España en el avión privado de Cabeza de Vaca. Todo había sido muy rápido y eficiente: sin esperas, sin dudas, sin demoras. Pensé que esa era una de las principales ventajas de ser millonario: no tener que dudar ni esperar. Las mejores cosas que compras con dinero son tiempo y comodidad. No hace falta comparar precios ni esperar a tener disponible lo más barato, simplemente consigues al instante lo que más te apetece. Tener avión privado era un lujo que el señor Cabeza de Vaca, simplemente, podía permitirse.

Tras leer la carta de mi amigo, el señor Cabeza de Vaca me había tratado a cuerpo de rey. Si le hubiera entregado antes la carta, seguramente me habría ahorrado una buena tunda. En fin, también podía haber sido mucho peor...

Le había preguntado sobre el contenido de la carta sin obtener una respuesta satisfactoria. Me contestaba con evasivas. Al insistir, había zanjado muy bruscamente la conversación.

—Dale las gracias a tu amigo en la otra vida. No hay más que hablar.

Lo único que había intuido, por las preguntas que me hizo tras leerla, era que aquella misteriosa carta decía algo sobre la Roca de los Desaparecidos. Las cosas de mi peculiar amigo...

En los días siguientes, mientras me recuperaba de la paliza, le estuve contando las aventuras de nuestra infancia en Galicia. Él me preguntaba con insistencia sobre todo aquello, en especial sobre la Roca de los Desaparecidos. Le conté todos los sucesos que marcaron nuestra vida para siempre y, muy en particular, todo lo relacionado con la Roca. Le hablé del pueblo y su gente: anécdotas e historias que conocía. Me gustó hacerlo porque me permitió recordar muchas cosas que creía perdidas en mi memoria. Una vez que empecé a tirar del hilo, unas fueron llevando a otras y fui enlazando vivencias y personajes. Él no me contaba mucho, le gustaba más escuchar que hablar. Alguna anécdota me contó sobre su vida, pero fueron más bien pocas. Recuerdo aquellas veladas agradables, sentados en el porche de su casa, bebiendo tequila y comiendo carne.

Un día me soltó, de sopetón, que nos íbamos a la Roca de los Desaparecidos. Me quedé totalmente perplejo, era lo último que habría imaginado en mi vida.

—Nos vamos mañana mismo, ya está todo preparado. Tú vas a saltar dentro de esa pinche roca y no es una sugerencia. Es una orden. Es la condición para que te perdone la vida. De otro modo, tendrías que pagar por lo que hizo tu amigo... Me da igual que tú no fueras el responsable, alguien debe pagar. Sin embargo, esta vez será la Roca la que decida si mereces vivir o morir. Vivir y convertirte en un hombre capaz de afrontar la vida con la mirada bien alta, o morir en el intento. Te acompañaré hasta allí para ver lo que ocurre.

Cuando nos marchamos, me dio realmente pena alejarme de aquel sitio. Tras varios días allí, por extraño que parezca, le tenía cariño a aquel rancho.

Les pedí unos minutos para concentrarme y rezar. Saqué mi cartera. Extraje el sobre que tenía escrito el número 2. Era el segundo y último sobre que me había dado mi amigo para cuando mi vida estuviera en peligro. Lo abrí y empecé a leer. Sabía que estaría relacionado con la Roca de los Desaparecidos. Mi amigo era el responsable de que yo estuviera ahora allí.

Querido amigo:

Si estás leyendo esto es porque abriste el sobre número 1 en el momento adecuado. No esperaba menos de ti. Ahora te toca saltar desde la Roca de los Desaparecidos. Lo puedes lograr. Recuerda los entrenamientos de mi padre: es todo psicológico. No tengas miedo. Lo más importante es escuchar al Dragón: sigue el camino de tu corazón. Sigue ese camino y no el otro.

Intenté volver a leer la carta, pero la tinta se había corrido con la lluvia.

¡Vaya consejo de mierda! Al borde de la muerte, con un salto en el que me iba a jugar la vida, con un largo buceo por delante, y mi amigo con acertijos. Encima me sobreestimaba. ¿Creía que entendería su carta? Pues no. *Sigue el camino de tu corazón*: eso era lo que me había dicho el Dragón cuando lo del peyote. Había gastado sus últimos instantes de vida en una broma-juego-adivinanza que no servía para nada. Menudo capullo. ¿O el capullo era yo por dedicarme a leer eso en vez de concentrarme y prepararme antes de jugarme la vida?

Arrugué el folio empapado y lo tiré al mar. Cayó en el pequeño pozo que se formaba a los pies de la Roca de los Desaparecidos, justo en el punto donde debía saltar.

Capítulo 27. Don Prudencio

Don Prudencio era pescador, lo había sido toda su vida. Había ido a Terranova en los barcos del bacalao; luego había trabajado en Gran Sol; finalmente, en pequeños buques de bajura cerca de la costa. Una vida entera en la mar, desde las primeras mareas, que duraban meses, hasta las últimas, que duraban horas. Cada vez más cerca del pueblo y de su casa, cada vez más tiempo en tierra y menos en la mar, pero siempre con la mar como fiel compañera.

Cuando se jubiló siguió faenando, no podía ser de otra forma. Tenía una pequeña barca de remos —una chalana— con la que iba a pescar cada mañana. Se levantaba a las cuatro de la madrugaba, montaba en su vieja bici hasta el puerto y se iba en su barca hasta el mediodía. Por la tarde, después de la siesta, podía vérsele en su garaje arreglando aparejos. Hasta ahí, todo más o menos normal: una vida dura ligada a la mar, como la de muchos otros. Lo que ya no era tan normal, lo que asombraba a todo el mundo, era su edad. ¡Tenía noventa y tres años! Con noventa y tres años seguía madrugando, remando, montando en bici, cocinando... ¡Todo lo hacía él solo!

Su piel era lo único que no desmentía su edad, era imposible que cupieran más arrugas en aquella cara curtida por el salitre y el sol. Sin embargo, la expresión de sus ojos era viva, inteligente. Sus manos, a pesar de tener los dedos retorcidos por la artrosis, eran fuertes como tenazas. Cuando caminaba, sus movimientos eran rítmicos, los del que lleva toda la vida equilibrando su cuerpo en los vaivenes de la mar.

Tras la charla con el Pirulo no sabía si tenía más o menos miedo que antes, pero no quería darle más vueltas. Había dado el asunto por zanjado. El Pirulo no estaba tan loco como parecía —o al menos no siempre, no todo el tiempo—, pero eso solo lo sabíamos mi amigo y yo, así que estábamos a salvo. Si nosotros no le habíamos sacado nada, menos aún lo haría la Guardia Civil. Sin embargo, mi amigo se había quedado con un consejo del Pirulo que yo había olvidado con todo el lío de emociones: hablar con don Prudencio. Un día por la tarde, me vino a buscar tan decidido como siempre.

—Vamos a ver a don Prudencio.

—¿A don Prudencio?

—Sí.

—¿Para qué?

—¿No te acuerdas de que el Pirulo nos dijo que habláramos con él?

—Algo comentó, no recuerdo qué. De todas formas, ¿por qué vamos a hacer caso a ese loco? ¿No decías que no había que hacerle caso?

—No. Lo que digo es que el Pirulo no tiene credibilidad, por eso no tiene peligro lo que le cuente a la gente. Otra cosa es que investiguemos un poco lo que nos dice. Pueden ser locuras o pueden no serlo, ya has visto que no parece estar tan absolutamente perdido como creen en el pueblo.

—¿Y qué ganamos con eso? —protesté yo, que deseaba sacarme todo aquel asunto de la cabeza.

—¿Y qué perdemos? Voy a ir a verlo. Tú haz lo que quieras, pero luego no me vengas pidiendo que te cuente nada.

Accedí con desgana, sabía que no ir sería aún más angustioso.

Situada a las afueras del pueblo, su casa era inconfundible: tenía las paredes muy blancas, las tejas envejecidas, y las ventanas, las puertas y el pequeño balconcito, de color verde intenso. En el piso de abajo había un pequeño garaje. Tenía siempre la puerta entreabierta, con una cadena y un candado. Allí era donde guardaba sus útiles de pesca: cañas, nasas, algunas redes, un pequeño motor fueraborda, anzuelos, remos, salabardos, una zaranda... Se trataba de un pequeño gran desorden y era precisamente el garaje lo que le daba a la casa su esencia.

Un perenne olor a pescado, a gasolina y a salitre hacía de la casa una especie de barco. Ese olor se veía eclipsado, dos veces al día, por el delicioso guiso casero que preparaba diariamente don Prudencio. Un sencillo guiso de pescado fresco y patatas. Los gatos, atraídos por el aroma, merodeaban siempre por la zona.

Aparecimos en su casa a la hora perfecta —mi amigo lo había planeado bien—. Lo hicimos justo después de su siesta, cuando se encontraba sentado en su garaje fumando tabaco negro y arreglando las redes.

—¡Buenas tardes don Prudencio! —saludó amablemente mi amigo.

—*Boas!*

—¿Podemos sentarnos?

—*Aí quietiños!* —ordenó señalando una esquina.

Nos sentamos y permanecimos callados, observando cómo anudaba los anzuelos al sedal. Era muy hábil.

—Hace unos días estuvimos hablando con el Pirulo —dijo mi amigo, yendo directamente al grano—. Usted es el que más sabe de él.

Tras un silencio tan largo que creí que no se iba a molestar en contestar, al fin se decidió a hablar

—*Téñolle moito cariño a José e tamén era moi amigo da súa familia.*

—¿El Pirulo se llama José? —pregunté.

—*Non. José chámase José. Agora chámanlle o Pirulo… E ti? Non es de aquí. De quen ves sendo?*

—Mis padres no son del pueblo. Solo somos veraneantes.

—*Entendes o galego?*

Tenía un acento muy cerrado y me costaba mucho entenderle.

—Solo un *pouquiño* —chapurreé en un intento por agradar.

—*Eu non falo ben o* castellano. *Traballei con xente que sí o falaba e podo falarvos un pouco, pero non o falo ben.*

—Yo soy nieto de don Francisco, el de la casa grande —interrumpió mi amigo—. Creo que mi abuelo y usted eran buenos amigos.

—*Manda carallo!* ¡Don Francisco! Yo era *moi* amigo de tu abuelo —exclamó mirando a mi amigo con cariño—. Don Francisco era un grandullón *forte*. Era capaz de arrastrar una chalana por la arena de la playa con varias *rapazas* dentro. Le retábamos en las fiestas. Es una pena lo que le ocurrió. *Cago na cona!* Todo lo que tenía de grande lo tenía de *boa xente*. A mí me ayudó siempre, sin pedir nada a cambio. Así era él, así lo educaron. Su familia era rica, *xente de moitos cartos*, pero siempre se preocuparon por los demás. Eso no se olvida. El padre de tu abuelo le *diera* tierras a la *xente* humilde. *Cando* hubo *fame tamén* repartió comida. Así eran en tu familia, así era tu abuelo.

—Usted es el más viejo del pueblo, conoce muchas historias interesantes. Nos gustaría que nos contara la de José, al que la gente llama el Pirulo —pidió mi amigo con amabilidad.

Mientras continuaba trabajando, empezó a contarnos la historia.

—Conozco a José desde *hace moito tempo*, era *moi* amigo de su familia. Pescadores de Santander, *boa xente, vinieran* al pueblo cuando José era ya un *rapaz*. El padre era un *home* simpático, siempre andaba gastando bromas y contando chistes. José era *tamén* un *neno* alegre y listo. Todo fue bien hasta que se enamoró perdidamente de Iria, una *rapaciña* de familia rica. Estaba totalmente *tolo* por ella y le escribía cartas de amor. Para ayudar, le presté varios libros de poesía que me *diera* tu abuelo —dijo dirigiéndose a mi amigo—: Bécquer, Espronceda, Rosalía de Castro, Quevedo, etcétera.

»Ella *tamén* estaba enamorada. Lo malo es que la familia de Iria se enteró. Era *xente* estirada, nuevos ricos, se creían de la pata del Cid. Al final marcharon del pueblo, éramos poco para ellos. Nada que ver con tu abuelo —aseveró mirando de nuevo a mi amigo—. El caso es que no aceptaron la relación y a *os nenos* se les vino el mundo encima. Continuaron en contacto, a escondidas, pero el control era mayor cada vez. Yo seguía ayudando en todo lo que podía. Alguna vez le pasé a la *rapaza* alguna poesía de José. Fui su cómplice —sonrió guiñando un ojo—. Con la cosa tan liada, planeaban fugarse, pero no hubo manera. Iria se puso mala e *morreu*, no se sabe bien por qué. José, loco de dolor, no pudo ni siquiera despedirse. No solo no le dejaron entrar en la casa ni ir al funeral, además le echaron la culpa de la enfermedad. José *toleou*. Se dio al alcohol y a las drogas. Se dedicó a la mala vida durante meses y meses, pero *non morreu* porque era *forte*. Sus padres sí *morreron*, no resistieron ver así al *fillo*. Eso lo remató...

»Entonces se me ocurrió la manera de salvarlo. Le hablé de que podía someterse a un juicio que decidiera si era digno de vivir o no. Una prueba en la que, de salir vivo, no le quedaría otra que afrontar su vida. ¿Qué mejor prueba que la mar? ¿Qué mejor juez que nuestra patrona, la Señora del Mar, que intercede por sus *fillos* los pescadores?

—La Roca de los Desaparecidos —interrumpió mi amigo.

—Sí —se extrañó don Prudencio—: la Roca de los Desaparecidos. Fueran el Santísimo o Lucifer quienes habitaran las entrañas de la Roca, decidirían sobre la vida del chico. Si no merecía morir, la Virgen lo salvaría y tendría que afrontar su vida. *Morto* o absuelto, en ambos casos el sufrimiento terminaría. No sé si sois conscientes del estado en el que estaba para que le propusiera aquello...

»El caso es que en cuanto se lo conté, la idea le devolvió la ilusión. Sus ojos brillaron por primera vez en *moito* tempo. No se lo pensó dos veces, salió directo hacia la Roca de los Desaparecidos. Yo lo acompañé hasta allí para ser testigo de la prueba. No sabía si sería un funeral o un bautizo, pero tenía el presentimiento de que sería capaz de sobrevivir a la prueba. Tras tanto sufrimiento, no se acobardaría por la falta de aire. El dolor nos endurece, *permítenos* saber que somos capaces de soportarlo todo. Además, la marea estaba subiendo y la corriente le ayudaría a salir, eso *tamén* iba a su favor.

»Tenía tantas ganas que no dudó ni un momento: saltó según llegó. Fueron los minutos *máis* jodidos de mi vida. Fue realmente angustioso. *Cando* por fin lo vi, estaba flotando boca *abaixo*, desmayado. Me tiré al *auga*, lo saqué rápidamente e intenté reanimarlo. Para mí fueron instantes eternos y horribles, ¡fui yo el que lo empujó a hacerlo! Finalmente conseguí que volviera a respirar.

»*Cando* se recuperó ya no era él, era vuestro Pirulo. Andaba confundido, desorientado, descoordinado, loco. Al día siguiente enfermó, tuvo *moita* fiebre. Deliraba y gritaba, hablando sobre los Seres Verdes de la

259

gruta submarina. Rezaba a la Virgen, le pedía ayuda a gritos. La fiebre se le pasó, la mayoría de los síntomas se fueron a los pocos días, pero la locura permaneció. Tenía ratos de lucidez en los que aún se podía hablar con él, pero enseguida desconectaba y se iba a su mundo de fantasía. En uno de esos escasos momentos de lucidez, me habló sobre su experiencia allí *abaixo*. Parece ser que tras un tramo de buceo, *cando* casi estás al límite, la gruta se bifurca. Eligió la opción mala aposta, así *morrería*. Avanzó y siguió avanzando. Entonces vio unas *cousas* verdes de gran tamaño y ya no recuerda nada *máis*. Lo siguiente es su despertar tras la fiebre, días después.

»No le conté a nadie del pueblo lo de la Roca de los Desaparecidos. La *xente* vio su locura y creyó que era por las drogas y el alcohol. Puede que eso *tamén* ayudara, no lo sé, pero lo que realmente le hizo *tolear* fue la Roca.

—No, don Prudencio. Lo que realmente le volvió loco fue la muerte de su novia —apuntó mi amigo.

—No sé. A mi edad ya todo es relativo. Vi *morrer moita xente*. Primero me afectaba, luego menos, luego casi nada. Padres, madres, hermanos, amigos, primos, sobrinos, *veciños*, ricos, pobres... Llegó un punto en que casi me alegraba porque no era yo *o morto*. Ahora ya ni me alegro, cuento *mortes* como anzuelos: sin inmutarme.

»Fueron tiempos difíciles aquellos, *cando* cada día se peleaba con sangre. *Cando* te agarrabas a la cuerda de la vida con los dientes, aunque la cuerda estuviera embadurnada de *merda*. Solo los *máis fortes* y afortunados sobrevivíamos y de eso no hay que lamentarse, hay que dar las gracias. El precio a pagar es ver *morrer* a los que te rodean. Antes lo normal era *morrer: os nenos* de enfermedades, *as nais* no parto, *os homes na mar*, incluso todos *xuntos* en la guerra. *Mortos e máis mortos*. Yo viví para *traballar. Que non falte o traballo!* Nosotros no pedíamos *vacacións*, no nos aburríamos, no estábamos insatisfechos. Simplemente *traballábamos* hasta reventar, de sol a sol, porque estábamos vivos y podíamos. ¿Me voy a quejar, como hacen *os xóvenes* de ahora, porque *traballo moito*? ¿Porque *non teño* coche? ¿Porque *non teño vacacións*? *Veña, home, veña!* Soy un viejo chocho que no sabe parar de *traballar*. Es como *cando* ando a la pesca en mi barca: remo por el miedo a que si dejo de remar nos hundamos ambos. Por eso sigo y sigo remando. Además, no puedo abandonar a la única amiga que *non morre*: la mar. Ella me enterrará a mí como yo hice con el resto. Eso me conforta.

—Creo que lo comprendo —dijo mi amigo—. Es como el que tiene un huerto de tomates. Los va viendo crecer y los va recolectado una y otra vez. Al final solo queda el huerto vacío, sin tomates. Llegan nuevas primaveras, más tomates y más recolecciones. Al final te acostumbras a que vengan y se vayan, sin más, siendo tú lo único que permanece constante. Te sientes solo hasta que reparas en el roble que está al final del huerto. Ese roble también permanece constante y durará más que tú. Es la tranquilidad de saber que no estás solo y que serás escoltado en tu muerte.

—Bueeeno —zanjó don Prudencio—. *Marchade pra casa, ven choiva.*

—¿Cómo sabe que viene lluvia? —pregunté.

—Por las hormigas. ¿Veis todas esas hormigas con alas que están saliendo de los hormigueros? *Cando* salen es porque va a llover. Fijaos bien, nunca falla. Además, las chalanas del puerto están mirando hacia la mar, eso es porque el viento viene de allí: mal tiempo fijo. Esta mañana la playa estaba llena de gaviotas, solo salen de sus acantilados cuando el tiempo se va a poner mal. Hay que fijarse en la mar, el viento y los animales. *Cando* aprendes eso, no te hace falta escuchar la radio. ¿Quiénes crees que avisaron a la *xente* la última vez, cuando lo del yate que desapareció? ¡Los viejos *mariñeiros*, los únicos que sabemos estas cosas! Aprendimos su importancia desde *pequeniños*. *Os xóvenes* no prestáis atención, creéis que con ver el parte en la televisión es suficiente. Luego pasa lo que pasa. *Manda carallo!*

—¿Viene otra gran tormenta? —pregunté algo asustado.

—Malo será...

Cuando salimos de casa de don Prudencio la tormenta parecía inminente. El ambiente estaba cargado, una electricidad tensa hacía la atmósfera asfixiante.

Estaba algo aturdido y enrabietado. Ahora comprendía lo que le había dicho el Pirulo a mi amigo. Lo que no entendía era por qué mi amigo había elegido la misma opción, si era la opción que se elegía para morir —al menos según el Pirulo—.

Se lo dije, con cierto aire picajoso.

—Me mentiste. Tú sabías perfectamente a qué se refería el Pirulo cuando nos habló de elegir la opción para vivir o morir.

—No quería hablar de eso aquel día. No era el momento.

—Joder, me lo podías haber dicho. Ahora entiendo tu interés en hablar con don Prudencio. No eres el único que ha entrado y salido de la Roca de los Desaparecidos, lo sabías.

—Pero soy el único que no se ha dejado la cordura dentro. Se la di a los Seres Verdes y me la devolvieron. No les gustó.

—No tiene ninguna gracia. A ti nada te parece serio, ¿verdad?

—No.

—¿Ni la muerte de tu hermano?

En cuanto lo solté, me arrepentí. Aunque estaba cabreado, eso no era suficiente justificación, me había pasado tres pueblos. No deseaba decir eso, pero el arrebato imparable de rabia rompió las cadenas de una maldad que tenía atada dentro.

Me miró con odio, nunca me había mirado de esa forma. Enseguida se le pasó, fue solo un rayo que iluminó su cara unos segundos.

—Si te soy sincero, ni eso siquiera. Yo no lo maté. Se cayó él solo. Me lo inventé para crear ambiente el otro día. Era necesario inspirar sutilmente al Pirulo para que se dejara de chorradas y se sincerara un poco.

—Estás enfermo. Con eso no se juega —repliqué atónito ante su confesión.

—No juego con ello, solo conté mis sentimientos ante lo que ocurrió y esos sentimientos son ciertos y reales. Yo no lo empujé, pero sí sentí lo que dije. Da igual que lo empujara o que se cayera, me considero igual de culpable. Me duele igual su muerte. Parece que eres tú el que juega, el que lo usa como arma arrojadiza. Si es tan serio el asunto, ¿por qué me lo has escupido a la cara?

No supe qué decir. Estaba enfadado con mi amigo, conmigo mismo, con todo lo que había pasado últimamente e incluso con los padres de la novia del Pirulo. Con el mundo entero estaba indignado.

Caminamos en silencio hasta que nos separamos, sin ni siquiera despedirnos.

El día siguiente era el último para mí en el pueblo, las vacaciones se terminaban y debía regresar. Estaba de muy mal humor, no quería ver a nadie, así que por la mañana me quedé en casa. Mis padres creyeron que mi mal humor se debía al fin del verano. Después de comer salí pronto de casa y me fui a pescar solo, así tendría tiempo de reflexionar sobre todo lo que había pasado mientras evitaba al imbécil de mi amigo. Menudo memo, estaba indignado con él por sus mentiras y sus chorradas. Por su culpa no hacía más que meterme en líos y pasarlo mal. Encima solo me contaba una pequeña parte de lo que ocurría, como si yo fuese un niño chico al que no hay que rendirle más cuentas que las justas. Y él siempre con esa puta tranquilidad tan suya, tan por encima de todo, riéndose del mundo. «¡Ya está bien! ¡Se acabó! —pensé—. Que se dedique a meter a otro en sus líos».

Estuve pescando, sin hablar con nadie, maldiciendo, enfurruñado como nunca, rumiando mi propia indignación. Al terminar la tarde, volvía a casa ensimismado y no lo vi acercarse.

—¡Hola! —me saludó con voz alegre.

No le di tiempo a más, la ira me inundó y le solté un puñetazo en la cara con todas mis fuerzas. Cayó al suelo. Yo simplemente me alejé, todo chulo, sin mirar atrás. Luego me encerré en casa y no quise salir. Mis padres notaron mi mal humor y no me preguntaron mucho. Supongo que les extrañaría que no me despidiera de mi amigo aquella noche.

Al día siguiente, domingo, nos levantamos muy temprano. A mis padres les gustaba madrugar mucho para llegar a casa a media tarde.

El viaje era horroroso. El madrugón —nos levantábamos a eso de las seis de la mañana— me dejaba ya el estómago medio tocado. Los olores me asqueaban: el coche olía a tabaco y a gasolina. Además, estaban las curvas, sobre todo al principio del viaje. Todo aquello me mareaba inevitablemente. Había que pasar dos puertos: Piedrafita y Manzanal. Cuando acababan las curvas y los puertos, entonces llegaba el calor horroroso de las rectas de Castilla. El coche no tenía aire acondicionado, y si mi padre abría ligeramente la ventanilla era aún peor porque entraba un aire reseco que quemaba. Con una camiseta pillada en la ventanilla intentábamos refugiarnos del sol abrasador, pero tampoco era una gran solución. En resumen, que el viaje —con sus paradas incluidas— duraba unas once horas y tenías tiempo de sentir morriña del verano, de reflexionar sobre lo ocurrido y de pensar en los nuevos planes con los amigos de la ciudad, a los que hacía meses que no veías.

Fui todo el viaje callado, cavilando. Me sentía fatal por haber pegado a mi amigo. No sabía si le había hecho daño de verdad. ¿Habría tenido que ir al médico? ¿Me odiaría y me quedaría sin amigo? «Se lo merecía», me decía para fomentar mi enfado y evitar la culpabilidad. Lo malo era que el enfado se me pasaba rápido y volvía el arrepentimiento. Me alegré de que terminara aquel verano, de marcharme del pueblo. Fue un viaje con angustia, que sustituyó a la habitual melancolía del regreso. Lo que por entonces no podía saber es que iba a tardar bastantes años en volver a ver a mi amigo. Sería en México, un lugar muy alejado de aquel pueblo gallego de la infancia.

Capítulo 28. Bajo la Roca

Cuando sabes que vas a morir, alcanzas un estado de calma sobria y solemne en el que todo lo que te rodea cobra importancia. Tus sentidos se agudizan y te permiten percibir detalles que normalmente no aprecias. Es como si tratases de valorar esos últimos segundos para recordar cada instante de una forma muy lenta y especial.

Llovía despacio, todo era gris y había una gran calma. Miré al suelo y vi unas hormigas aladas saliendo de una grieta. Me acordé de don Prudencio: se acercaba una tormenta.

A mi espalda, Cabeza de Vaca y sus matones me observaban impacientes. Tenía que saltar o me iban a matar, pero si saltaba probablemente moriría. Tenía miedo.

Cerré los ojos para concentrarme. Captaba las olas rompiendo contra la roca, la lluvia en mi cabeza, el olor a mar y a tierra mojada. Tenía frío, estaba en calzoncillos. Lo había hecho para facilitar el buceo. Cabeza de Vaca me había mirado con desaprobación.

Empecé a hacer respiraciones profundas, iba a necesitar mucho aire. Me acordé de mi infancia, buceando en la playa. Tenía los ojos cerrados e intentaba no pensar en nada, pero las imágenes pasaban a toda velocidad por mi cabeza: las nasas, Sombra Oscura, el yate fantasma, Quique Malo, el Pirulo, don Prudencio y mi amigo. Había pasado mucho tiempo y sin embargo parecía que había sido ayer mismo. Maldije a mi peculiar amigo, estaba allí por su culpa.

Intenté pensar en algo que me relajara y me motivara: una idea, una película, una canción. Recordé la escena de los protagonistas de *Carros de fuego* corriendo por la playa, con la espectacular banda sonora de fondo. Me animé y me tranquilicé ligeramente. Luego vino la imagen de Paul Newman en *La leyenda del indomable,* convencido de que era capaz de comerse cincuenta huevos. Podía lograrlo.

Abrí los ojos y miré hacia abajo, al sitio donde debía sumergirme. La altura era enorme, la marea estaba bajísima. Me di cuenta de que estábamos en septiembre, en plenas *lagarteiras.* Cuánto tiempo sin pensar en esas cosas…

«Tengo que saltar y saldar una deuda pendiente», pensé.

Inspiré aire por última vez, llené a tope mis pulmones y salté al vacío.

Caí de pie y me hundí en el agua. Había acertado en el centro del pozo sin fondo, exactamente donde debía caer para no despanzurrarme con las rocas. Noté que la corriente tiraba de mí hacia el fondo y comencé a bucear. El agua estaba fría, aunque no tanto como imaginaba —lo de haber pasado frío antes de saltar no había sido mala idea—. El agua de la cueva no estaba turbia y había más luz de la que yo esperaba, se veía razonablemente bien. Iba avanzando y me extrañaba que el túnel, en vez de estrecharse, se ensanchara. Todavía tenía aire de sobra, estaba tranquilo.

Llegué a una bifurcación. La cueva submarina se dividía en dos ramas: la de la derecha subía, la de la izquierda bajaba. Pensé que no podía permitirme perder ni un segundo en dudar, tenía que elegir ya. Quería elegir la de la derecha, porque subía. La carta de mi amigo decía: «Lo más importante es escuchar al Dragón: sigue el camino de tu corazón. Sigue ese camino y no el otro». Intenté recordar algo más de mi infancia. El Pirulo y mi amigo lo habían hablado, pero nunca dijeron cuál era la opción que se debía elegir.

Se me agotaba el aire. Mi corazón me decía que subiera. Tenía que decidirme ya mismo. Pensé que Quique Malo podía haber muerto por dudar demasiado, tan peligroso era dudar mucho como elegir mal.

¡La derecha! Elegí el camino de la derecha, el que subía. Buceé dando enérgicas brazadas. El camino se estrechaba y se oscurecía, pero iba ascendiendo más y más. ¡Había elegido bien!

Llegué al último tramo con bastante entereza. La sensación de haber elegido correctamente me daba un extra de motivación y fuerza. El túnel se estrechó aún más y vi que terminaba en un pequeño agujero. Lo atravesé y pasé a una amplia cueva redonda. Nada más entrar vi una calavera. ¡Joder, una calavera! ¡Una calavera!

Entonces lo tuve claro: la izquierda es donde está el corazón ¡No era el camino de la derecha el que debía elegir! ¡No era el camino que ascendía! Aunque se dirigiera hacia abajo, el correcto era el camino de la izquierda. Me había confundido. ¡Dios mío, me había confundido! ¡Ese error me iba a costar la vida! La angustia hizo que se me acabara el aire. Hice el amago de volver, pero pensé que era perder el tiempo. No me quedaba aire suficiente para volver, de hecho no me quedaba aire en absoluto. Con el último impulso llegué al centro de la cavidad en la que me encontraba. Había un poco de luz y pude ver que la estancia estaba llena de huesos y calaveras. ¡Había esqueletos por todas partes!

«Un poco de luz —pensé—. ¡Se ve algo de claridad! Puede que haya una salida». Me acerqué, ya sin ninguna fuerza, al punto de donde venía aquella luz. Estaba al fondo, en la parte superior de la cueva donde me encontraba. Había una abertura minúscula, pero no tenía salida. Intenté empujar porque la superficie estaba ahí mismo. No pude. La suerte estaba echada: me iba a ahogar. Sin embargo, al empujar con la mano noté que quedaba una pequeña zona con aire. La marea estaba tan baja que había dejado esa diminuta parte descubierta. Me agarré a un saliente de la roca y pegué la cara con ansia a la pared, arañándome la mejilla con las rocas, pero no noté dolor: la liberación que sentí cuando el aire entró en mis pulmones lo eclipsó todo. Permanecí allí quieto, respirando con dificultad, pensando y recuperándome. Cuando Quique Malo saltó no era septiembre, la marea no estaba tan baja y no tuvo acceso al aire. Debió de volver, de otra forma la marea no habría logrado sacarlo de la cueva para que yo lo encontrara donde lo encontré. Si no hubiera intentado regresar, estaría allí muerto, desaparecido, como el resto de cadáveres de la cueva submarina. Quique Malo era valiente y tenía fuerzas, porque una vez que has llegado al final y viéndote sin salida, había que estar muy entero para intentar volver. Allí, en el fondo de una cueva, agazapado como una lapa contra el techo para poder respirar, sentí respeto por aquel matón de mi infancia. Al final le había echado un buen par, no se rindió tan fácilmente como aquellas calaveras que había allí. Debió de nadar hasta casi llegar a la salida.

Oí la lancha motora. Entonces volví a pensar en mí, me había convertido en otro desaparecido, otra leyenda de la Roca. Los mexicanos volvían a su país, me habían dado por muerto. Lo malo es que aún podía llegar a darles la razón. Estaba vivo, pero no había salido de la cueva.

El ruido de la hélice de la motora se perdió en la distancia. ¡Se habían ido! Seguro que no deseaban permanecer allí más tiempo, mejor evitar meterse en líos. Esperé un poco más. La postura era muy incómoda, tenía mucho frío y el agua empezaba a subir, tenía que salir ya mismo de aquella cueva. De nuevo intenté relajarme y realizar respiraciones profundas. Inspiré todo el aire que pude y comencé el regreso. Abandoné la cámara de las calaveras, atravesé el túnel braceando con fuerza y alcancé la bifurcación. Según me acercaba, mi cabeza me decía que volviera a salir por donde había entrado. Era el trayecto que conocía y sabía cómo era. El otro túnel iba hacia abajo, por eso lo había elegido el Pirulo para morir. Sin embargo, tenía que haber una salida: mi amigo lo había elegido para vivir…

No dudé ni medio segundo. *Sigue el camino de tu corazón.* Mi corazón decía que tenía que hacerlo. Diez años con miedo son muchos años. Una década con una cuestión pendiente es un periodo demasiado largo. Me impulsé con fuerza hacia el camino desconocido, la corriente me ayudaba. Eso es lo que debió de notar mi amigo, por eso eligió esa vía. La corriente era más fuerte en esa parte de la cueva y me aferré a la idea de que tenía que tener una salida. Avancé y avancé, con todo el ímpetu del que era capaz, sumergiéndome cada vez más al seguir el trayecto descendente de la cueva. Era muy larga, mucho más de lo que había pensado, y la luz no llegaba a esa parte; estaba casi a oscuras. Con la falta de visión me desorienté un poco y pensé que seguía descendiendo. Ya no podía volver. El aire se agotaba. Guardaba una pequeña reserva, pero apenas me quedaba nada. Por fin vi luz de nuevo, parecía la ansiada salida. Mientras me impulsaba con ambas manos, agarrándome a los bordes del hueco de salida, solté el poco aire que me quedaba en los pulmones.

Estaba fuera de la cueva, pero aún bajo el agua. Miré hacia arriba con angustia: faltaba un buen trecho hasta la superficie. Debía aguantar unos metros, unos segundos, más. Cerré los ojos y moví las piernas lentamente, sin aspavientos. Tenía los brazos pegados al cuerpo, no me quedaba aire para moverlos. Sentí cómo la sangre latía con fuerza en las venas de mis sienes. No podía resistir más tiempo. «Un instante más, aguanta solo un instante más, no te desmayes», me dije. Entonces, por fin, llegué a la ansiada superficie e inspiré aire con desesperación. Mis pulmones se llenaron. Estaba tan agotado que me hice el muerto para recobrar el aliento. La lluvia caía sobre mí y las olas me mecían con fuerza. Estaba vivo, más vivo que nunca. Lo había logrado sin ayuda de nadie. ¡Lo había logrado! Tras deleitarme un momento, recordé que tenía mi ropa en la Roca de los Desaparecidos. Miré y no había nadie. Efectivamente, Cabeza de Vaca y sus matones mexicanos se habían ido. Nadé con calma hasta la roca y subí. Mi ropa no estaba allí, se la habían llevado para no dejar pruebas. Resignado, me fui nadando con calma hasta la playa de Los Ahogados. No tenía prisa, nadie en el mundo sabía que yo estaba allí, nadie me esperaba, estaba desaparecido. Era libre.

Una vez en la playa, me derrumbé sobre la arena. Cada vez llovía con más fuerza. Debía de tener pinta de loco: estaba empapado, en calzoncillos y con los ojos abrasados por el agua salada. Me tomé mi tiempo. La lluvia era vida, estaba a gusto. Me sentía en armonía con la naturaleza, en paz con el mar y con Dios. Mi vida había sido perdonada. Al cabo de un tiempo, no sé bien cuánto, me dispuse a subir la pronunciada cuesta por la que se accedía a la calita. Llegué a la cima despacio, con calma. Estaba tan empapado que no merecía la pena apurarse o cobijarse. Empecé a atravesar el bosque que me llevaba de vuelta al pueblo. Olía intensamente a eucalipto y a tierra mojada. En medio del pequeño camino vi a alguien que me esperaba.

¡Era el Pirulo! El bueno del Pirulo estaba igual que siempre. No había cambiado ni envejecido en absoluto. Me acerqué contento a él y lo abracé. Me devolvió el abrazo.

—Te he visto hacerlo. No lo entiendo. Te he visto entrar y salir. No has podido estar tanto tiempo sin respirar. Los Seres Verdes te han tenido que ayudar. Ahora ya eres un Verde. Ven conmigo.

Lo seguí por el monte. Nos salimos del camino y empezamos a caminar campo a través. Subimos a la cima de una montaña. Los helechos dificultaban el paso y la pendiente era muy pronunciada, pero yo estaba en buena forma. Al final llegamos a una cueva. La entrada estaba tapada con helechos. A no ser que supieras su ubicación exacta, era imposible localizarla. Era la casa del Pirulo, su enigmático escondite, que nadie había llegado a conocer nunca. Ahora yo sabía dónde estaba.

Allí no había gran cosa: un colchón con una manta gruesa, varios cartones de vino, numerosas cuerdas de escalada para ir a por percebes, una gran bolsa de deportes con algo de ropa y una garrafa con gasolina. Ni rastro de la moto.

Me dejó ropa seca. Me sentaba casi bien, había adelgazado mucho. La tormenta fuera era muy violenta: oíamos el ulular del viento entre los árboles y el continuo crujido de los eucaliptos quejándose de las embestidas del temporal. Empecé a sentir frío, había mucha humedad en la cueva. Me ofreció vino y bebimos. No hablamos, no era necesario, éramos supervivientes de la Roca de los Desaparecidos. Él tenía a los Seres Verdes y yo tenía al Dragón, éramos más parecidos de lo que jamás hubiera podido imaginar. ¡Vaya par de locos! Aunque, bien pensado, en el estado en el que me había encontrado —empapado y en calzoncillos—, yo debía de parecer aún más loco que el propio Pirulo. Estar junto al Pirulo y parecer más chalado que él no dejaba de tener su mérito… Empecé a reír, ese tipo de pensamientos eran muy propios de mi amigo. Me reí aún más y el Pirulo me acompañó en la risa. Reímos juntos un buen rato. Brindamos por mi amigo con solemnidad, entrechocamos nuestros cartones de vino con vehemencia. Levanté el meñique al beber, de nuevo en honor de mi amigo. Volvimos a reír y a beber, a reír y a beber.

Desperté con la luz que entraba en la cueva. Estaba solo, el Pirulo se había marchado. Al salir vi que la tormenta había pasado; una maravillosa mañana, con una atmósfera limpia y un sol radiante, daba la bienvenida a mi nueva vida. Me tumbé sobre una roca, cual lagartija, para dejar que el sol me calentara. Cerré los ojos y sentí un enorme bienestar, no quería moverme de allí, no había prisa. Al cabo de un buen rato apareció el Pirulo y me alegré tanto de verlo que lo abracé con cariño. Él se puso un poco tenso, no le gustó demasiado esa efusividad mañanera. Le pedí que me prestara algo de dinero y le juré que se lo devolvería.

—No es necesario que me devuelvas nada —repuso mientras me lo daba.

Fui en autobús hasta Ferrol. La gente me miraba. ¡Vaya pintas tenía! Cuando por fin llegué a la estación de tren, me dirigí directamente al mostrador.

—Un billete para Madrid, por favor. El más barato que tenga.

—Consulta la tabla de precios y horarios —me respondió de forma muy antipática el que los vendía.

—¿No podría indicarme un poco? ¿Cuál es el primero que sale?

—¿No me has oído? Mira la tabla de precios y horarios.

—¿Me deja un bolígrafo para apuntar? —pregunté, muy amablemente, señalando el que tenía sobre el mostrador.

Mi tren salió esa misma noche. El dinero que me había dado el Pirulo no daba para mucho, así que el billete me lo saqué en tercera. En tercera no había literas, así que tendría que ir sentado toda la noche en un cubículo diminuto con otros cinco viajeros.

Subí al tren con mucha calma. Había aprendido a no tener prisa, a tomarme la vida con tranquilidad. Eché un vistazo a mis compañeros de viaje y me senté en el único sitio que quedaba libre. Lo hice con total despreocupación, pero también con determinación y firmeza.

Había varios tipos bastante peculiares, pero el que se llevaba la palma era el que estaba sentado justo a mi lado. ¿Era porque nadie deseaba sentarse a su lado o era el destino? Al fin y al cabo, yo atraía a los tipos raros... Me metí la mano en el bolsillo y toqué el bolígrafo. Sonreí. Me quedaba un largo viaje por delante y ya no tenía miedo ni angustia. Ahora estaba preparado y el viaje —la vida— me parecía una aventura fascinante y divertida.

El tipo raro que estaba sentado a mi lado se dirigió a mí. Intuí algo de oscura locura en su mirada y en vez de preocuparme o molestarme, me interesó. No sentía timidez ni necesitaba recurrir al enfado y la ira para poder vencer mis inseguridades.

Me habló con un fuerte acento gallego.

—*Neno, colle cartos e imos privar. Dixéronme que o tren ten unha tasca.*

—No tengo nada de dinero, amigo —respondí con calma y amabilidad—. Lo siento de veras. Si lo tuviera, le invitaría a vino y a zumo de grosella.

—*Graciñas, meu rei* —respondió con resignación.

—¿Sabe una cosa? —le pregunté—. Viajar en tren es una maravilla. ¿No le parece que viajar en tercera es como el que tiene un huerto de tomates?...

Agradecimientos

A Cárol y mis hijos: son lo mejor que me ha pasado en la vida. A mis padres, mi hermano y tía Piti; siempre están en mi corazón.

A todos los que, además de los anteriormente citados, han leído la novela y me han aportado apoyo, ideas y correcciones: Margarita, tío Manolo, Jander, Julián, Isa, Juan F. y Ramón.

Mención aparte merecen Ildefonso, por la ayuda con los diálogos mexicanos, y Xulio, junto con mis amigos de Lugo, por las lecciones de gallego. Si hay algún error, es únicamente culpa mía.

Para la cubierta, he llevado al agotamiento a un par de buenos amigos. Oscar creó la primera cubierta de mi primer libro, nunca lo olvidaré. La actual es obra de Javier Ruiz, un auténtico fenómeno.

Otras obras del mismo autor

➤ *SEIS HÉROES REALES.*

Contacto directo con el autor

Estimado lector, si lo desea, puede expresar sus críticas, consultas y sugerencias a través de cualquiera de las siguientes vías:

Email:
comoelquetiene@hotmail.com

Facebook:
Como el que tiene un huerto de tomates

Blog:
https://comoelquetieneunhuertodetomates.wordpress.com

Printed in Great Britain
by Amazon

23097502R00162